U0897178

全民阅读书香文丛

学林旧闻

周维强◎著

上海科学技术文献出版社

图书在版编目（CIP）数据

学林旧闻 / 周维强著．—上海：上海科学技术文献出版社，2016.4
（全民阅读书香文丛 / 徐雁等主编）
ISBN 978-7-5439-6839-4

Ⅰ. ①学… Ⅱ. ①周… Ⅲ. ①读书笔记—中国—现代 Ⅳ. ① G792

中国版本图书馆 CIP 数据核字 (2015) 第 233146 号

责任编辑：胡欣轩　王茗斐
封面设计：许　菲

丛书名：全民阅读书香文丛
主编　徐　雁　宋旅黄　王宗义
书　名：学林旧闻
周维强　著
出版发行：上海科学技术文献出版社
地　址：上海市长乐路 746 号
邮政编码：200040
经　销：全国新华书店
印　刷：上海中华商务联合印刷有限公司
开　本：787×1092　1/32
印　张：6.875
字　数：121 000
版　次：2016 年 4 月第 1 版　2016 年 4 月第 1 次印刷
书　号：ISBN 978-7-5439-6839-4
定　价：25.00 元
http://www.sstlp.com

序：在书林间的散步心得

◎ 陈星

晚清而下，及至民国，伴随着社会变革与新文化运动的如期而至，中国知识群体中的文化人忽而呐喊、奔走，可谓勇猛精进；忽而沉默、冥想，犹如韬光养晦……各式人等现出多元多样的文化诉求，形成了多姿多彩的人生形态。诚然，如此状况自然会延续至新中国成立以后，只不过是在新的历史背景下又增添了新的色彩而已。对于此等诉求和形态，大半个世纪以来，学术界和文化界曾有过无数或直白或委婉的评判，但基于被中国学人十分看重的文人性情和文化趣味，对其则相对关注较少。就笔者视野而言，在当今的学人中，几乎用了多半的学术精力和潇洒笔墨涉及于此并倾注无限人文关怀的，大概要数此著的作者周维强先生了。

本书实质上算是一部读书笔记，主要记录

的是晚清以来的学林旧事。形象一点说，这是作者在书林间的散步心得。维强涉笔于此，显然不是率性而行，其中自有若干原委。学术界的各式人等，有的热衷于思潮、流派、热点——当然有其自身的价值，但也些人，却喜欢选择另一种文化站位，静处一个对学术文化的体察审视角度——这或许更有一番理想主义的藉慰之情。这样的选择，表面上难以看出其在学术文化上的宏图大略，但其注重文人的情怀，有的时候，投诸于此，取势也大。笔者以为，维强正是这样的一位“体察审视”者，他选择的这种学术态度，显然是注重人文，抒发情怀的一路，他以一种现代意识和淡定的学术眼光观照文化，以才情接会前人，汲引近世文明以开启新智。

维强自述此著系“爱仿传统的笔记体，辑录整理，总名‘学林旧闻’，或许可添诸君宴饮清谈之兴会，抑或稍可温故以知新，见微而知著。”笔记体文字自古有之，明清愈见发达。维强喜于晋人《世说新语》的文采风流，以为雅为国人所喜，又羡日人将其视为枕边秘籍。于是他平时闲读杂书，每见书中所载学林人物嘉言懿行，或趣味盎然，或可见世故人情，或稍具史识，或有意义存焉，可喜之余，遂记于片断，乐已愉人，启心励志，而又存哲人之想。其实，现代人如郑逸梅等就钟情于此道，看似娓娓言说，实则意趣无穷。

近十数年来，维强在各类报刊上发表了此种文字数十万字，其中不乏产生影响者，结集出版的就有《蓟门黄昏：元史随笔》《书林意境》《尚未远去的背影：教育文化名人与杭州》和《史思与文心》等。笔者亦曾好于文史小品，尤对笔记偏爱有加。然近年来学思日渐枯竭，鲜有灵感，孜孜于考据，自感已跟不上时代，大有隐匿之想。而维强居然还开写博客，如果读者有意即时了解他在这方面的心得，尽可以在他的博客上见到。相比之下，不能不羡维强为幸福者也。

维强从事文化教育传媒工作将近30年，编过报纸、杂志，曾主持创办《教师周刊》并兼任主编，主持总编办工作……先后获得浙江省宣传文化系统“五个一批”人才（出版界别）、全国新闻出版行业领军人才（业务类）等荣誉。维强的这些文化教育传媒专业工作，实际上是有他的厚实的人文素养作底子，以他的开阔的文化视野作依凭的。所以我还想说，做文化传媒工作，不可不重视自身文化的积累，不可不注意自己的眼界的开阔。而阅读是一条很好的途径。维强或许可以作为这方面的一个有意义的例子。

2014年秋冬，初稿

2015年春夏，修改

目　录

晋人《世说新语》，文采风流，雅为国人所喜，《傅雷家书》里亦言是日人枕边秘籍。平时闲读杂书，每见书中所载学林人物嘉言懿行，或趣味盎然，或可见世故人情，或稍具史识，或有意义存焉，固隽永可喜。爰仿传统的笔记体，辑录整理，总名“学林旧闻”，或许可添诸君宴饮清谈之兴会，抑或稍可温故以知新，见微而知著。

卷一 学问·著述

19世纪中叶魏源著《海国图志》百卷，提出“识夷情，师夷长技以制夷”主张。不幸清廷颟顸，积重难返，未予重视；东邻日本则因是书触发明治维新。

茅以升在南京的江南中等商业学堂念中学，柳翼谋（柳诒徵）先生教国文、历史。学校规定必须住校，功课很严经常测验，晚间自习，必须自觉地认真复习。茅爱读课外书，如严复所译的《天演论》和梁启超发表在《新民丛报》上的文章。柳先生不反对读课外书，不主张读死书，有时在自习时间，复习完了，茅读点课外书，柳先生是不加过问的。

柳翼谋先生在东南大学教授历史课，日夜赶抄书；竺可桢先生在东南大学教地理课，终日翻山越岭。校中流传故事曰：竺先生跑断腿，柳先生抄断手。

20 世纪 20 年代，吴梅执教东南大学，唐圭璋从吴梅学。春秋佳日，星期有暇，师生常同游南京名胜古迹，每到一处，则作词谱曲。学生也常到吴先生家习唱，玉笛悠扬，晚霞辉映，师生唱和，其乐融融。唐圭璋说：我们都学会了吹笛唱曲，对词曲源流及其关系也都有了更深切的体会与了解。

语言学家罗常培年轻时学过速记，一分钟能记 140 个字。在国会两院速记议员们的讲话，议员们操各省方言和蓝青官话，这就迫使罗认真学习方言。

廖季平以善变名，一生治今文经学，六变其说。廖说："为学须善变。十年一大变，三年一小变，每变愈上。若三年不变已而庸才，十年不变更为弃才矣。若苦心经营，力求上进，固不能不变也。"

梁启超在东南大学，其门人罗时实等问："国粹将亡，奈何？"梁反诘："何以国粹将亡？"对曰："先生不见今日读经之人之少乎？”梁勃然拍案说：“从古就是这么少。”

邓之诚上课，不带讲稿，只带笔记本，但他在上课前不见客、不理事，一人静坐半小时到一小时，凝神静气。既上课，口若悬河，一泻不止，遇到引用史书的，随讲随写，拿粉笔于黑板上用端正楷书一大段一大段写出，既快又准确，很少出错。如果有学生课后去他家问问题，那就最受邓欢迎，盖可以因材施教也。

20 世纪 30 年代，唐兰在北京大学讲授古文字学，为古文字研究设了六条戒律：戒硬充内行；戒废弃根本；戒任意猜测；戒苟且浮躁；戒偏守固执；戒驳杂纠缠。

北师大国文系高步瀛先生编选的《唐宋诗举要》《唐宋文举要》等书，资料丰富，考订详赡，引用材料，着重第一手；对旧注讹误，时有订正。据说他讲课，也很重事实、重证据，考证详实精确，为同侪所敬服。学生对他所注释的诗文，极为珍视，得其一篇，出校教学，可免翻检参考之劳。

陈垣讲课，不是死板地念讲义，而是根据所讲课程的内容，随时加入具体的事例，无论是史学常识、写文章的方法、研究中应该注意的问题，甚至文章用字、行书方法、写字规格等，都好像随感式地提出来。至于所记述的近代名人轶事和他们有关学术的言论，尤能引人入胜。李湘说：听他的课“必须时时专心谛听，稍纵即逝，……丝毫不能怠忽”。

据说，西南联大最受欢迎的全校性的必修课程有两门，一门是冯友兰教授开设的伦理学，一门是中文系开设的“大一国文”。“大一国文”包括“范文阅读”与“作文”两部分，计6个学分。先后教过“范文阅读”的有朱自清、杨振声、沈从文、王力、陈梦家、闻一多、罗常培、浦江清、罗庸等教授，均为第一流的学者。

1942年，当时的教育部授予汤用彤《汉魏两晋南北朝佛教史》一书以最高学术奖，汤很不高兴，对同事说：“多少年来都是我给学生打分数，我的书要谁来评奖。”

顾颉刚对后学，经常是“你这篇文章好，我给你发表”。陈垣先生教学生是：“你不要胡乱写啊，小时候乱作，老了要后悔的。不能乱写文章啊！”

抗战时期，熊十力先生住在重庆北碚，陆军少将徐复观前去拜谒，请教读什么书，熊教他读王船山的《读通鉴论》，徐答以早读过了，熊说他并没有读懂，应当再读。徐读完后又去。问有什么心得？徐说了许多不同意之处。熊竟然怒骂：“你这个东西，怎么会读得进书！……这样读书，就是读了百部千部，你会受到书的什么益处，读书要先看出它的好处，再批评它的坏处……譬如《读通鉴论》，某一段多么有意义，又如某一段，理解如何深刻；你记得吗？你懂吗？你这样读书，真太没出息！”徐被他骂得目瞪口呆，却惊奇他原来书读到这样熟！原来读书要读出每一部的意义！徐认为这一骂对于自己是起死回生的一骂，启发他决心敲叩学问之门的勇气。

数学家华罗庚在西南联大讲课时，不止一次说过：“高水平的教师总能把复杂的东西讲简单，把难的东西讲容易。反之，如果把简单的东西讲复杂了，把容易的东西讲难了，那就是低水平的表现。”

刘文典精研《庄子》，自视甚高，尝言“普天下真正懂庄子的只有两个半人，一个是庄子本人，一个是刘文典，半个天下人共分之”。20 世纪 20 ～ 30 年代刘文典在清华做教授，一次他从《太平御览》找到一处可以校订《庄子》的资料，喜极而自得，特意在清华宅邸设宴请诸好友。

唐振常称黄药眠先生是“近乎炉火纯青的温柔敦厚的君子”。1945 年，唐振常在报纸写文讽刺一位唐以为并无学术的人应邀去美国讲学。数日后黄药眠与唐振常相遇于一个晚会，黄对唐说：这种文章不应该写，近乎人身攻击。如以为材料可用，以后留作写小说可也。

抗战初期，马一浮由重庆去嘉定办复性书院。行前，贺麟设宴为马先生饯行，熊十力作陪。席上，有一盘菜熊先生尝后觉得味道还不错，叫人把它移得近些，吃得淋漓尽兴。马先生则举箸安详，彬彬有礼。任继愈说：熊十力治学豪放不羁，目空千古；马一浮治学温润和平，休休有容。

书的价值不在厚薄。陈寅恪的《隋唐制度渊源略论稿》和《唐代政治史述论稿》各仅10余万字，王亚南的《中国官僚政治研究》仅15万字，鲁迅的《中国小说史略》仅16万字，但它们都是传世名著。

姜亮夫从成都高师考取北师大研究科，读了一两个月，觉得北师大图书馆书多，先生们的名声又大，很满意。后来又听说清华大学入学考试极难，又萌生再考清华的念头。当时清华国学院还没发榜，姜去补考，遂被录取。

马廉藏书专收古代小说、戏曲、弹词、鼓词，为前朝所禁行的淫词作品更在所不辞，所以自称藏书处为“不登大雅之堂”。又因藏有明刻孤本《三遂平妖传》，而称其室为“平妖堂”。孙楷第写《中国通俗小说书目》，曾经“尽读平妖堂藏书”。

杜亚泉少习传统学术，后受甲午战败之刺激，感慨科场之士热心功名、置国事若罔闻，深觉经史训诂之学为无裨实用，遂翻然改志，绝意仕进，改习数学，由中法而西法，研习代数。

史学宗师陈垣在解放前是从未正式由出版社出过书

的，他的所有著作集为《励耘书屋丛刻》，全部自印，木刻线装。

华罗庚早在20世纪40年代就已是世界数论界的领袖数学家之一。但他不停步，宁肯另起炉灶，离开数论，去研究他不熟悉的代数与复分析。

20世纪30年代，蔡尚思曾在南京龙蟠里的国立图书馆翻阅了数万卷书。柳诒徵馆长对蔡说："你把那些书虫都赶走了！我做馆长，从没有人把这么多的书看完。"经过这段读书生活，蔡才觉得进研究所不如进大图书馆，他称大图书馆为"太上研究院"。

王云五曾说：二三十年代的图书"无错不成书"。亚东图书馆出版的胡适诗集《尝试集》(1920年出版)，全书无一错字。

植物学家蔡希陶一面在云南采集植物标本，一面写了许多有着浓郁边地风情的小说。

蔡元培在担任北大校长时，仍好学不倦。有位张克诚在北京东城的一个庙里讲佛学的"唯识"中的"观所缘缘论"，蔡先生居然亲自去旁听。

20世纪20年代初，北京高等师范学校数理部的青年教师傅种孙就把罗素的数理逻辑名著《算理哲学》翻译到国内。中国现代学术界因此称傅先生是"第一位把数理逻辑介绍到中国的人"。

数学家傅种孙讲课，独具慧眼，善于阐微发隐。多数人以为没有疑问的，他会一句话把你问倒；多数人想不通的，他会一个比喻使你豁然开朗。

1946年春，云南省发生“昆明事变”，城里响了几天枪炮声，华罗庚闭院不出，天天在院子里躺在帆布床上仰观天空中的白云变幻，忽然有一次由联想使他得到了一个美妙的数学新思想。

刘永济曾说：“大家都以为公铎（林损字）只会使酒骂座，可是我和他在东北同事，看到他每天必然温习经书。”

刘永济的著述，篇幅不大，要言不烦，取其足以达意为止，属“简约得其英华”的南派学风。

黄侃性格中还有非常谦虚谨慎的一面。黄侃和刘师培同在北京大学教书，黄认为自己的经学不如刘，就正式拜刘为师。黄以为自己读书很快，但记忆力不够好，所以每要引用一条材料，即使极熟的书，也要核对。黄还对学生说：“我讲小学比较‘自如’，讲经学，拿着书还怕讲错。”

黄侃好游山玩水，喝酒打牌，吟诗作词，但同时也是学而不厌，无论怎样玩，他对自己规定每天应做的功课是要做完的。黄在日记中有这样的记录：“平生手加点识书，如《文选》盖已十过，《汉书》亦三过，《疏注》圈识，丹黄烂然。《新唐书》先读，后以朱点，复以墨点，亦是三过。《说文》《尔雅》《广韵》三书，殆不能记遍数。”黄侃读吴检斋著作《经籍旧音辨证》，上面和吴先生商榷的批语达四百多条。

20 世纪 40 年代初，王叔岷考入北大文科所读研究生，师从傅斯年、汤用彤诸先生。王向傅呈上所作诗文，并报告将研究《庄子》。傅对王说：“研究《庄子》当从校勘训诂入手，才切实。”傅翻看王的诗，又说：“要把才子气洗干净，三年之内不许发表文章。”汤用彤对学术界称道的章太炎《齐物论释》的评语是章在“乱扯”，告诫王叔岷“要小心”，研究学问“只有痛下功夫”。

王叔岷平生第一部著作《庄子校释》，颇得傅斯年欣赏。傅主动提议为王这部书稿写序，以加褒扬，王答“不必”。隔几天，傅又语王“我跟你写篇序，我跟你先商量如何写。”王依旧说“不必，我自己负责。”王叔岷以为，自己的著作，好坏应由自己负责，不必要前辈夸赞；另一方面此著是自己第一部从事朴学的尝试之作，万一错误过多，岂不累及前辈。故不敢接受傅序。王叔岷两次拒绝傅斯年，傅不以为忤，并即推荐《庄子校释》给商务印书馆出版。

邓之诚常说：“研究学问每年要有所长进。”陈垣常说：“每年要写一两篇有分量的文章。”

胡适谈治学方法，提出“大胆假设，小心求证”。萧公权后来补充说“在假设和求证之前还有一个‘放眼看书’的阶段”。

周一良在燕京大学读书，选修容庚教授的“《说文解字》研究”一课。容庚教学不涉及许书内容，每堂课由他在黑板上陆续写出楷体字，轮流唤学生上去写出篆书。实际上成为练习篆字，而不是研究《说文》。周一良心里很不满足，向父亲周叔弢谈及，不免慷慨激昂，表示要向老师提意见。父亲告诫周一良：对老师要谦虚，老师的教法必自有其道理，不宜鲁莽从事。周一良由此明白得谦虚谨慎，注意涵养。

邓之诚在燕京大学教书，从不闭卷考试，总是要求学生写论文。

傅斯年脾气不好，但是爱才，对有才的教授非常器重。傅对庸才非常不在乎，脾气跋扈，不怕褒贬。

陆宗达年轻时从黄侃学习上古音、中古音。为了更细致地了解中古音，陆钻研了《广韵》，研究了《集韵》的每一个反切，做了《集韵》韵表，甚至背诵了《集韵》的全部反切。陆尝说：“有些极为聪明的人需要做极笨的工作。”

黄侃对学生说：记日记是很好的方法，既可留下心得，又能锻炼手笔！黄本人即日记不辍。

《新元史》的作者柯劭忞平生用功最多的是《文献通考》。他 40 岁以前，集中精力为这部书作校注，不只校勘出《通考》刻本之误，也校出马端临编撰之误。后来由于捻军战事关系，稿本全失，这才改治元史。

专家学者写起本专业以外的文章来，时有优秀的、至少别具一格的散文。周作人编《中国新文学大系——散文一集》，就把顾颉刚那篇奇长的《古史辨·自序》收了进去。

20世纪30年代，王钟翰曾将自己发表的文章给邓之诚先生看，邓先生说，文章写得太长了，何必要举那么多例证，只要几条就足以致其于死命。

孙楷第在北师大国文系打下了坚实的训诂校勘之学的根基。后来比孙低一年级的王重民到法国见到敦煌卷子本《刘子新论》，曾把孙楷第的校勘本与之相校，发现与唐抄本完全相合。

章太炎尝与其弟子黄侃言："人多著书，妄也；子不著书，吝也。妄者不智，吝者不仁。"

20世纪40年代，金岳霖对张岱年说："熊十力的哲学背后有他这个人，这一点我不如他。"

姜亮夫在成都高师念书，某日侍林山腴先生于霜柑阁。林先生问姜近读何书，姜答读《文史通义》，但多不了了。林先生笑曰："你还老实，读不懂是应当的，此类书如某某诗话、词话、史论、经论等等，作者可能是一生心血，而读者如君辈，则不过助谈资而已。廿四史未读过，如何能读《文史通义》，工部全集未读过，如何能读诸论杜诗之作？论史论文在学识已深湛者，可能得所启迪，君辈读此等书，则一生无成矣。”林先生复温语曰：“还是读完《史记》、杜诗再去看史论、诗话，方为治学之道，切记切记……”

林山腴先生在成都高师教学生为文，不问其为厚重或清淡，要以辨雅俗为第一。某君文中，称成都为芙蓉城，林大批：“恶俗！”姜亮夫说：细释所谓恶俗者，大体指小说家与报章杂志所用新奇生硬或神怪之词为俗。

姜亮夫在清华念书时，写过一篇批评容庚论彝器通说的长文，八千言。陈寅恪先生将这篇论文送登《燕京学报》，容庚退回这篇稿子，交还给陈寅恪先生。后陈寅恪先生听说姜亮夫喜评骘他人文字，因与姜温言曰：“驳人文，亦花精力，何不以其力，从事自建之言。”姜禀告曰：“敬谨受教”。决心力戒此习，二十四五岁之后，姜即不作评论文字。

20世纪20年代初，史学家柳诒徵撰文讨论中小学历史教学，云：“人的教育是两种：（1）一国的人；（2）世界的人。要教一国的人，就要晓得一国的历史；要教一国的人同时做世界的人，就要晓得世界的历史。”

钱穆1927年秋季入苏州省立中学任教，一意草为《先秦诸子系年》一书。时北平上海各大报章杂志，皆竞谈先秦诸子。钱穆持论与人异，但独不投稿报章杂志，恐引起争论，忙于答辩，则浪费时间，此稿将无法完成。故此稿常留手边，时时默自改定。

钱穆在苏州省立中学教书，撰写《先秦诸子系年》。顾颉刚初不认识钱穆，访钱穆，得读《先秦诸子系年》书稿，谓钱穆：君似不宜长在中学教国文，宜去大学教历史。钱穆虽无大学学历，后顾仍力荐钱穆去燕京大学任教。

顾颉刚约钱穆为《燕京学报》撰文。钱穆写《刘向歆父子年谱》一文给顾，此文与顾颉刚的学术见解相异，顾毫不介意，既刊发钱穆此文，又特推荐钱至燕京大学任教。

在西南联大时，陈梦家与钱穆同事。一夕，在钱穆卧室近旁一旷地上，梦家劝钱为中国通史写一教科书。钱言材料太多，所知有限，当俟他日仿赵瓯北《二十二史札记》体裁，就所知各造长篇畅论之。所知不详者，则付阙如。梦家言，此乃先生为一己学术地位计。有志治史学者，当受益不浅。但先生未为全国大学青年计，亦未为时代急迫需要计。先成一教科书，国内受益者其数岂可衡量。又一夕，两人会一地，梦家续申前议。钱穆谓，兹事体大，流亡中，恐不易觅得一机会，当俟他日平安返故都乃试为之。梦家曰，不然，如平安返故都，先生兴趣广，门路多，不知又有几许题材涌上来，那肯尽抛却来写一教科书。不如今日生活不安，书籍不富，先生只就平日课堂所讲，随笔书之，岂不驾轻就熟，而读者亦易受益。钱穆后来说：余之有意撰写《国史大纲》一书，实自梦家此两夕话促成之。

蒋梦麟在回忆录里说，周作人的文章总是平平稳稳，是一种温和的写实主义，完全不同于他哥哥鲁迅的激烈的反抗精神。周作人谈起天来也总是慢条斯理从不性急。有一次，一个日本人到北大讲中日文化合作。周作人能讲很好的日语，那天，他跟日本人说："谈到中日文化合作，我没有看见日本人的文化，我倒看见他们的武化，你们都是带着枪炮来的，哪里有文化，只有武化。"日本人也没有法子驳他。

蒋廷黻治中国近代史，涉足政治。李济是蒋廷黻故交，某次问蒋："廷黻，照你看是创造历史给你精神上的快乐多，还是写历史给你精神上的快乐多？"蒋廷黻未做正面回答，而以惯熟的外交辞令回答："济之，现在是到底知道司马迁的人多，还是知道张骞的人多？"

刘师培在北大教中古文学史，讲汉魏六朝文学源流与变迁。他上课时总是两手空空，不携带片纸只字，源源本本地一直讲下去。声音不大而清晰，句句是经验之言。

罗尔纲在中国公学选沈从文的课，一学年写了十多篇试作。有一次，沈从文在课上说罗尔纲的这些试作，如果盖了名字，会认为是郁达夫写的。罗尔纲听了沈从文的话，就想，自己的作品竟然这样感伤，浪漫派文学时代早已过去了，自己人生经历那样浅薄，是不适于做文学工作的。经过一番深思，罗尔纲自此不再徘徊于创作与研究的路口，打定主意走历史研究的路。

20世纪20年代，中国哲学史界对于孔子、老子的年代问题有过一次大辩论。当时张岱年还在北师大念书，他也写一篇文章参与讨论，署名宇同。冯友兰教授读此文，觉得材料证据出于作者笔下亲切有味，心颇异之，以为必为一年长宿儒，后知其为一大学生，大异之。等看到了张岱年，则为一忠厚朴实之青年，气象木讷，若不能言者，虽有过人聪明而绝不外露。冯乃益叹其天资之美。

张岱年北师大毕业即受聘于清华，教哲学概论，选课者除哲学系一年级学生之外，亦有其他系高年级学生，均翕服无闲言。清华哲学教授冯友兰说：张岱年真正是一位如司马迁所说的“好学深思”之士，对于哲学重大问题“心知其意”，讲课者言之有物，听课者亦觉亲切有味矣。

吴稚晖曾就读于江苏南菁书院。吴第一次拜谒该院山长名儒黄以周先生时，他看到黄先生书斋上挂着一大幅使他难忘的格言：“实事求是，莫作调人！”胡适后来说这句格言如译成英文或白话，那就是“寻找真理，决不含糊！”

人类学家马林诺斯基在伦敦经济政治学院指导学生，学生有机会“登堂入室”，那就是到他家里去，参加他自己的著作生活。师傅是在他自己作坊里带徒弟的。这位老先生是个鳏夫，妻子已经死了好几年。他一个人住着一所普通的住宅，生活很孤独，而且没有规律。他是个高度近视眼，事实上他的眼睛已经不能用来工作，他的秘书和学生有义务给他念稿子。他闭了眼睛听，听了就说，说的时候，有秘书替他速记下来。他同时在写好几本稿子，有时拿这一本念念，改一段，添一节；有时又拿另一本出来念念。马林诺斯基的学生费孝通说："在旁听他怎样修改他自己的著作，对一个学生是很有好处的。普通我们读的书，都是成品，从成品看不到制造的过程，而一项手艺的巧妙之处就在制造过程里。成品可以欣赏，却难于学习，但是谁有机会看到一个学者创造思想成品时的过程呢？……'登堂入室'又看到了这个过程的另一工序。他有时也要征求学生的意见，这样说成不成，那样说好不好，一字一句全不放松。这样的学者……在做学问时，严谨刻实的态度确有值得学习的地方。"

任中敏年轻时住在南京龙蟠里江苏图书馆阅书，夜深屋漏，雨滴不止，他撑伞遮雨，坚持抄书。有一次，曾往苏州，住吴梅先生家楼上百嘉室阅书，终日不下楼，抄完所藏善本典籍，才下楼拜别。

柳翼谋先生在南京高师教历史，他要学生平时以阅读正史（"二十四史"）为主，并经常从正史中出许多研究题目，要学生搜集材料，练习撰作能力，由他评定甲乙，当做作业成绩，并择优选登在《史地学报》或《学衡》上，促使学生养成严谨笃实的学风。

萧乾年轻时考进北新书局做实习生，书局老板有一次给萧乾一个差使：去红楼图书馆抄书。老板要求萧乾："不能漏一个字、错一个字，连标点符号也要一笔一画地不改样。"这个差使不但给萧乾日后从事文字工作以极好的训练，也使他精读了一些作品。

王毓铨选修胡适开的"传记文学"课，一心一意想给王安石写篇生动的生活传记。这门课是个研究作业班，同学不过十来位。上课都在北平后门内胡适家的客厅里。结业，胡适给王毓铨判了九十分，这自然是高分了。有一次，胡适直呼王毓铨名字，说："你不应当像李逵那样光要大刀阔斧，应当像十六七岁的少女学着绣花。"王毓铨体会道：要大刀阔斧、敢想敢说不能说不对，但没有细致的绣花工夫是不能修炼成正果的。

方龄贵在西南联大读历史系，曾醉心于文艺创作，结识大作家沈从文先生。沈从文借给方龄贵一部由商务印书馆出版的学生自学丛书本陈彬和选注的《元朝秘史》。沈先生借此书给方阅读时再三说明，主要是让方看看书中的情节和文字有多么古朴清新，富有生命的活力。方深为书中所铺叙渲染的蒙古草原磅礴气势和粗犷风情所吸引，这竟成为方"后来研治蒙元史的先河"。

严耕望云：钱穆撰著的中国通史，才气磅礴，笔力劲悍，有其一贯体系、一贯精神，“圆而神”；吕思勉撰著中国通史，周赡绵密，“方以智”，吕著可济钱书之疏阔。

钱穆20世纪40年代末任教无锡江南大学。江南大学由无锡荣家创办，校舍新建，在县西门外太湖之滨山坡上，风景极佳。钱穆常雇小舟，荡漾湖中，幽闲无极，成《湖上闲思录》一书。

钱穆1940年4月28日在四川的江苏省同乡会做关于读书方法的演讲，钱穆在演讲中于“通人”三致意焉。钱穆说：现在人太注意专门学问，要做专家。事实上，通人之学尤其重要。做通人的读书方法，要读全书，不可割裂破碎，只注意某一方面；要能欣赏领会，与作者精神互起共鸣；要读各方面高标准的书，不要随便乱读。至于读书的方式，或采直闯式，不必管校勘、训诂等枝节问题；或采跳跃式，不懂无趣的地方，尽可跳过，不要因为不懂而废读；或采闲逛式，如逛街游山，随兴之所之，久了自然可尽奥曲。读一书，先要信任他，不要预存怀疑，若有问题，读久了，自然可发现，加以比较研究；若走来就存怀疑态度，便不能学。最后主要一点，读一书，不要预存功利心，久了自然有益。

钱穆20世纪40年代在成都齐鲁国学所治史，尝与学生新秋赏桂。钱穆勉励学生要做“第一流学者”，领导社会、移风易俗；专守一隅，做得再好，也只是第二流。有学生问钱穆“梁任公与王静安两位先生如何？”钱穆曰：任公讲学途径极正确，是第一流路线，虽然未做成功，著作无永久价值，但他对于社会、国家的影响已不可磨灭！王先生讲历史考证，自清末迄今，无与伦比，虽然路径是第二流，但他考证的着眼点很大，不走零碎琐屑一途，所以他的成绩不可磨灭。考证如此，也可跻于第一流了。

朱自清散文《荷塘月色》中提及蝉，有人说蝉在夜晚是不叫的。朱自清请教昆虫学家后说：“我们往往由常有的经验作推论。例如有些蝉子夜晚不叫，推论到所有的蝉夜晚不叫。”

梁实秋曾说：“要翻译《莎士比亚全集》必须具备三个条件。第一，他必须没有学问。如果有学问，他就去做研究、考证的工作了；第二，他必须没有天才。如果有天才，他就去做研究、写小说、诗和戏剧等创作性工作了；第三，他必须能活得相当久，否则就无法译完。很侥幸，这三个条件我都具备，所以我才完成了这部巨著的翻译工作。”

朱自清治学严谨诚实。1934 年朱自清应郑振铎之约，花了一个晚上赶写《论逼真与如画》一文，文章材料来自清代官修大型词藻典故辞典《佩文韵府》。朱自清来不及核对《佩文韵府》所依据的原书，就在文章后面老老实实地写明“抄《佩文韵府》”。

华罗庚26岁留学剑桥大学，师从大数学家哈代。哈代知华罗庚才华横溢，充满期待地对华说：“你可以在两年之内获得博士学位！”华摇摇头说：“我不想获得博士学位，我只要求做一个访问者！”华对一脸不解的哈代说：“我来剑桥是为了求学问，不是为了学位！”剑桥两年，华在堆垒素数论等方面发表了18篇高水平论文，识者曰：每一篇文章都是一顶货真价实的博士帽。

卞僧慧教授所著《陈寅恪先生年谱长编》，附《“隋唐史”开课笔记》，系陈寅恪先生1936年9月在清华的讲课笔记，在讲课笔记里面，陈寅恪写道：“演讲中凡引及旁人的意见，俱加声明。未加声明的就是我个人的意见。但此类意见听课的不能代为发表。这在外国大学本是通例，不必说。在国内有人还不大清楚，所以特为指出，希望大家注意遵守。”

黄焯，黄侃侄子，专治音韵训诂。抗战时，日军轰炸武汉，大家跑防空，黄焯仍端坐屋中，以朱笔一丝不苟圈点《毛诗》。

民国二十二三年，北平局势紧张。在北平的中研院做考古的李济一度说考古对国家没有贡献，要保卫中国，不如投笔从戎。后来他监督文物运到南方时才想到，真要投笔从戎，又能做些什么？再仔细想下去，做好现在的工作，也是对国家的贡献，于是打消了投笔从戎的念头。

数学家、北京师范大学数学系教授傅种孙先生认为讲课要讲出你的体会来，有了体会，推导、计算、定理、方法等就有了灵魂。代数专家刘绍学教授回忆讲群的公理时，傅先生说："公理体系就相当于一个国家的宪法"，"要入境随俗"，到了那个国家（一个公理体系）就要按照那个国家的法律办事，否则你就要犯错误（犯根据不清的错误）——"要尽弃所学而学"，不要把公理体系以外的东西带进来。语奇意确，叫人很难忘掉。

陈垣写《旧五代史辑本发覆》一书时，搜集资料，例证极多，稿本有三尺多厚，但他删繁去复，仅存194条，文章写成只有两万多字。用举例的办法，总结出几类问题。陈垣说：老辈著书，常有本人删去不用的材料，后辈不知，得到几条资料，反以为是新发现，拿来写成"某某书补"，又把作者原已删去的材料给补上，就大可不必了。

1961年在中国科学院历史研究所二所学术会议上，陈垣先生说："发表文章应当闲话不说，或者少说。文章不怕长，但要有内容，没废话，能够让人懂。有一种文章，看起来洋洋大观，而只在一个论点上绕来绕去。"还说当时"看到报上一篇很长的文章，登了一整版，如把重复的、空洞的话删去，就可省掉一半字"。

物理学家杨振宁认为，理论物理的研究太自由，胡乱猜测皆成文章，还是数学比较好。数学家奎因、贾弗则反过来认为：数学研究要求每个结论都必须证明，太束缚人的思想，应该允许人们大胆猜测，允许有根据但未经完全确认的数学结论发表出来。

英国数理逻辑学家罗素每给一个好的定义、好的证明之前，总喜欢先讨论若干不好的定义或证明，有时还坦然招供蠢念头出自他本人。王宪钧先生尝对弟子说："罗素自认头脑简单，不反复想会出错。我也头脑简单，所以我学他。"

钱锺书在河南明港上"干校"期间，他的在北师大外语系教英语的女儿钱瑗从北京写信来考他几个英文单词，他居然被考住了，这是从没发生过的事情，他很惊讶，也很沮丧。后来，他女儿回信说："爸爸，这几个词你当然不认识，这是美国刚刚出版的辞典里最新收入的词汇，我是故意和你淘气的。"钱先生由此感慨说，学无止境，人要不断充实自己。

数学家丘成桐说："单是证明一个漂亮的定理不是数学的真谛，数学家需要承前启后地解释问题——数学的重要性在于它的理论能够解释多少我们想理解的现象。"

程千帆在武汉大学当了十八年右派，直到"文革"结束才"摘帽"，与此同时奉命"自愿退休，安度晚年”，以每月 49 元的待遇，变为街道居民。第二年，妻子沈祖棻死于车祸。沈在武汉大学教书二十年，学问人品俱佳，但仅仅因为她是摘帽右派的妻子，武大既不过问丧事，也不开追悼会，全国学界哗然。山东大学殷孟伦教授、南京师范学院徐复教授、南京大学洪诚教授向南京大学校长匡亚明推荐程千帆，程遂到南大任教授，此后著书约 20 部，培养了 10 多位优秀博士。

熊伟先生在北大外国哲学所给研究生讲海德格尔，要求学生读海德格尔的德文原著。学生们每读一段，逐句解释；有不通处，先生即来纠正、澄清。每个句子的语法结构亦须追究清楚。

1999 年初，在一个跨学科的会议上，放射化学家肖伦院士说：居里夫人到底是物理学家，还是化学家？她得过两个诺贝尔奖，一个是物理诺贝尔奖，一个是化学诺贝尔奖。她本人就没分什么是物理还是化学，是问题就研究。

化学家徐光宪院士对易学也有兴趣，晚年写过论文《伏羲氏八卦图与宇宙进化论的八个层次结构》。

哈佛教授杨联陞，是中国历史与语言的著名学者。刘子健教授说：“他最精彩的学问，多半见于他所写的书评。”

北京师范大学校长陈垣先生在写《跋西凉户籍残卷》一文时，参阅的《西凉户籍卷》是新出版的中华书局的印本，其中个别地方他觉得与1919年时看过的有所不同。为了核对清楚，他专门查阅了历史研究所的缩微胶片，对许多不同的地方作了认真校核。如中华书局印本中把说明户口身份的“驿子”错印为“释子”。陈老说，一字之差，原意全非。“驿子”系当时力士之称，在户籍簿上附注“驿子”，是准备在有力役时予以调用。但现在错印成“释子”，就变成和尚了。

黄药眠教授说：“写文章自然是给别人看的，但如果特别在乎别人的毁誉，对自己也是一种负担。”

陈垣最喜欢收集学者的草稿，细细寻绎他们的修改过程。

唐德刚所撰口述历史书《李宗仁回忆录》，为近代史名著。唐德刚说：李宗仁的口述历史，统计起来，大概只有百分之十五，是李口述；百分之八十是唐本人从图书馆、报纸等各方面资料补充与考证而成的。

翁独健先生瞧不起那种内容空洞、语言乏味、架势吓人的所谓“理论战斗”文章，多次借用陈寅恪先生的话，称那种文章为“画鬼”，告诉年轻人不要跟着学，“可观战不可参战”。

何炳棣撰就长篇论文《中国人口研究，1368—1850：一篇制度及经济史的论文》。杨联陞教授致信何炳棣，称道论文坚实明快，并劝何对西方某位误释明代人口数字准确可靠的学人，评语不可太厉害，老虎亦有打盹时，若自己小辫被人抓住，亦甚难受也。

何炳棣请大名鼎鼎的经济学家佛里德曼开一张有关资本主义的简要书单，佛里德曼想了又想，始终一本书都开不出，再三再四对何说："只有精读亚当·斯密的《原富》。"

1962年，徐旭生先生参加纪念明末清初思想家王船山的学术研讨会并发表了论文。"文革"中，有些造反派批判徐先生是宣扬封建主义糟粕，徐先生说："你们回去把王船山的书读过了再来批判我不迟。"

北师大中文系一级教授、文艺学家黄药眠先生一生坎坷，先是被划为"右派"，"文革"中又被"专政"，挂黑牌、进牛棚、扫地、掏粪，在毫无写作条件的情况下，时常将自己的思想沉浸在宇宙、人生、民族……的海洋里，做着哲人式的漫游，然后利用劳动的间隙，在无人的囚室中，将思想的闪光及对以往生活的点滴体味，用短句的形式，偷偷地写在纸片上，藏在十分秘密的地方。"四人帮"倒台后掏出来一看，居然积累了1800余条，遂整理成充满浓郁诗情与深邃哲理的随笔集《面向着生活的海洋》，交花城出版社出版，后多次再版。

有人问钱锺书，"您怎么读了那么多书？"钱轻描淡写地说："也就是一本本看下来罢了。"

1911年出生的季羡林老教授，为写《糖史》一书，从1993年至1994年，除礼拜天休息外，每天上北大图书馆读书，夏天要忍受书库里三十五六摄氏度的酷暑，有时碰到一条有用的材料，便欣喜如获至宝。有时枯坐半个上午，把白内障尚不严重的双眼累得个“一佛出世，二佛升天”，却找不到一条有用的材料……经过两年的苦练，季先生可以“目下一页，而遗漏率却小到几乎没有的程度”。他的《糖史》就是这样写成的。

“文革”后期，北大教授季羡林先生被命令掏大粪、浇菜园、看楼门、守电话。季枯坐门房中，除了送电话、分发报纸信件以外，无事可做。于是他想到翻译印度史诗《罗摩衍那》。但那时，极“左”之风未息，读书重视业务，被认为是“修正主义”。于是季先生晚上回家，把梵文译成汉文散文，写成小纸条，装在口袋里，白天枯坐门房中，脑袋里不停地思考，把散文改为有韵的诗。后来终于把这部史诗翻译整理完毕。“文革”结束，汉译《罗摩衍那》由人民文学出版社出版。

熊庆来1950年患脑溢血，右半身不遂，他天天练左手写字，练了一年多，左手写的跟右手写的一样一丝不苟、熟练飘洒。他一生中发表的具有创造性的论文共60余篇，晚年病残中写的就超过半数。

陈景润在厦门大学数学系读书，有一次微积分考试后，系主任方德植发现陈景润的试卷写得很乱，就把他叫到办公室，问他到底会不会。陈当场做给方看。尽管给了他满分，但方还是谆谆教导陈："全会做还不够，还要写清楚，让人家看懂。以后搞研究出了成果，不会表达，写不清楚，总是个缺点。"

20世纪80年代中期，李泽厚说：年轻时，亲耳听人批评"郭沫若不扎实""冯友兰不扎实""侯外庐不扎实……"了几十年，终于没有见到批评者们拿出"扎实"的"真学问"；如今倒不再听到有人说郭、冯、侯诸位"不扎实"了，但这帽子不知怎的又落到年轻朋友们头上。

北师大数学系教授刘绍学在一次会上，对数学教育工作者说："我是搞环论的，由于环论窄、纯，远离数学核心，是不被数学界重视的……但我认准了一条：搞科研对自己的教学是绝对有好处的，即使我的科研成果没有什么意义，并会被很快的丢在字纸篓而被忘掉，但对我的教学效果是绝对有好处有意义的……数学研究要注意选题，但第一重要的是要搞研究并能坚持。"刘讲授过数学分析、线性代数、解析几何、常微分方程、近世代数、域论、群论、环与代数、基础代数、非结合代数、积分方程、偏微分方程等大量课程。他的课，注意讲数学定理背后的思想，数学体系的来龙去脉，适时地向学生提出问题，引导学生去思索，去研究。这确实是只有从事研究工作的数学家才能做得到的。

20世纪50年代，苏联科学家在帕米尔高原建立了一个宇宙线实验站。两位苏联科学院院士设计了一套电子学系统，宣布他们已发现了十多个新粒子，并命名为“变子”。这两位院士因此获得了斯大林奖金，成为“社会主义劳动英雄”。物理学家王淦昌在研究这一发现后，明确表示：仅凭一个电子学信号就如此断言太草率，“苏联人的发现靠不住”。后来一系列更精密实验条件下的检测，果然证明：王淦昌的评价是正确的。

华罗庚说：“只有庙宇里的菩萨才不会出错误，凡是研究工作做得越多的人，出现差错的机会也就会越多。”

“文革”后期，中科院数学所有一个研讨班，讨论近代数学渗透。北京师范大学数学系教授蒋硕民先生动员教师去听讲。蒋说：“‘文化大革命’总要过去，不要把时间浪费掉，要尽可能地充实自己，将来好继续搞专业。”他将自己收集到的外国数学杂志送给这些参加研讨班的教师。

梁漱溟先生在晚年撰著的《人心与人生》一书中说：“我曾多次自白，我始未尝有意乎讲求学问，而只不过生来好用心思；假如说我今天亦有些学问的话，那都是近六七十年间从好用心思而误打误撞出来的。”

红卫兵烧毁梁漱溟的藏书、手稿等，1966 年 9 月 21 日开始，在没有一本参考书的情况下，梁漱溟凭着记忆，动手写作《儒佛异同论》，每天写一千字，全文四万字完成后，又接着写《东方学术概观》……。梁自信：墨写的字可以烧掉，但人的思想是烧不掉的。

古典文学专家游国恩先生曾对吴小如慨叹说：“荒田无人耕，耕了有人争。”吴小如后来又补充道：我们传统的陋习还有一面是“气人有，笑人无”。

“文革”后期，钱锺书先生夫妇已从干校回到北京，但是还没有住处，只好住在学部的办公室里，白天写作的桌子，晚上打开铺盖就是床。钱就在这样的生活环境下写这部博学的《管锥编》。

季羡林曾说现在找不到能写出《四库全书》提要的人了。程千帆亦尝对学生说：叫你写一篇《风月堂诗话》的提要会写得不错，但要你写李鼎祚《周易集解》提要，我就不能放心。更重要的是，写出来以后，到哪里去找像四库全书总纂官纪晓岚那样能够总揽的人。更早些年代，写出了学术名著《四库提要辨证》的余嘉锡就说过：“易地以处，纪氏必优于作《辨证》，而余之不能为《提要》决也。”

数学家、中科院院士杨乐2010年5月在北京景山学校举办的一个论坛上说：数学除了直接应用，更重要的是可以培养人的空间想象能力、逻辑推理能力、分析和归纳能力，所有这些都是创新必不可少的能力。对于学生来讲，学好数学可以给其他课程的学习打下重要基础。现在高中数学教学中，教学时间与复习时间比例严重失调。高中三年中，有的学校是利用两年来进行教学，最后一年完全复习和考试。甚至还有更严重的，三年中用一年半时间教学，一年半全部复习。这是一种畸形的教学，不利于人才的培养。中学数学教育，应该少而精，内容不能太多，要把最重要的教给同学。

20 世纪 70 年代末，俞敏完成音韵学研究上的力作《后汉三国梵汉对音谱》。在描写音值时，俞惜墨如金，几个韵部的音值“盖阙如也”。学生问他为什么，俞说：“那几部材料不够。”他不肯靠推论。

台湾大学历史系刘崇鋐教授，拿到了美国哈佛大学的研究奖金，有人请他写一篇文章，言明交卷之日，致送稿费若干云云。刘一口回绝，理由是“我既接受哈佛大学的研究奖金，我的所有时间都要用在这个研究，不能分心为别人写文章，千请原谅”云云。

台湾大学医学院郭水教授，历任牙医学系系主任兼牙科主任。台大自获得美援会资助，各科主任皆曾被派往美国进修一年。郭坚持不去，郭说：“一年工夫学得了多少，言语还到不了沟通的程度，就要打道回府。如果给我一年假期，在家自修，我相信由书刊所获得的新知，绝不会少于进修一年的人。”

史学家王钟翰说：“我初读一些大师的作品，常奇怪他们何以做一些小文章。后来我才逐渐明白，一种宏大的思想，总是由许多具体微小的内容组合构成的，当他们觉得自己的思想尚未完全成熟，或者思想虽已成熟而内容还无法使之充实完善的时候，大师们是不愿标之以巨题来招徕读者崇拜的。”

杨振宁说：“读文献找题目是科学研究方法之一，但不是唯一的方法。老是读文献的危险就是会忽视物理学的原始问题，以致淹没在文献的大海里。”

当代盛行说法：唯有思想史才能画龙点睛。何炳棣则云：不画龙身，龙睛何从点起？研究历代思想家不可忽略的是：衡量他们哲学观念和理想与当世及后代政治和社会实践方面的差距。只有具安全感，并终身践履其学术及道德原则的超特级人物朱熹才能私下坦诚招出：“千五百年之间……尧、舜、三王、周公、孔子所传之道，未尝一日得行于天地之间也。”

教育学家、北师大教授顾明远先生，从 1986 年开始花了 12 年时间主编《中国教育大辞典》。他曾对人说过，这部 800 万字的大辞典，是他和夫人周蕖老师一个一个字地看、一个一个字地改过的。

安徽人民出版社将出版傅雷的译文集，特邀编辑谒钱锺书夫妇征询意见。钱锺书特别强调：译文集既然为傅雷毕生心血的实录，内容文字就应该以原译为根据，不做改动，即使当年旧译中如部分人名、地名等与现今通行译名有所出入，亦应维持原样，不加修订，以存全貌。

20世纪50年代中后期，钱锺书《宋诗选注》脱稿，其中的十篇《宋代诗人短论》和《序言》又单独发表，受到点名批判。曹道衡、胡念贻、黄肃秋、周汝昌等写了大批判文章。而在日本，《宋诗选注》大获褒奖。日本著名汉学家小川环树写评论给予高度赞誉。中国《文学遗产》主编陈翔鹤叫人把小川的文章翻译出来给钱锺书过目，钱既喜且感。批判文章的编者向钱道歉。何其芳又约词学名家夏承焘从正面赶写一篇书评，《宋诗选注》终于获得一个公正评价。

刘笑敢是张岱年的哲学史研究生。刘问张先生50年治学的最主要体会，张答曰：不多说，不少说。刘写博士论文，其中批评冯友兰“道是全”的一段，改过两三次，张都说不行。最后张总算说行了。刘细细对照几次修改，自己的立场、观点虽无根本改变，而分析、判断、措辞表达的细微程度则有大不同，刘因此悟到张先生所说的这六字的意思，这中间不是简单的是非、对错问题，而是恰当、适度的问题。

杨宪益戴乃迭夫妇，皆乐酒善饮，两人英译《红楼梦》，一口酒，一行字。据说，杨左手边一大杯酒，右手边一杆笔，当面一本书、一垛稿纸，一个上午，酒喝了大半瓶，稿纸写了一大垛。戴亦如此，只是杨喝大曲，戴饮兰姆酒或黄芪酒。老报人、中国古典文学专家张友鸾有句云：“看他斗酒译千行，夫妇《红楼梦》

里香”。

新文学史家朱金顺当年还在北师大中文系念书时，李长之教授给他们这一班的学生讲《诗经集注》，李长之博闻强记，逻辑严密，介绍朱熹的观点，条理清晰，征引原文，脱口而出。而讲课要点，就写在一张香烟盒的背面。

季羡林“文革”结束后，又门庭若市，且常受邀参加各种会议，而会风又是空话废话居多，哼哼哈哈，不知所云。季先生深以浪费精力为叹，乃于会上以“一个耳朵或半个耳朵去听”，“而把剩下的一个耳朵或一个半耳朵全部关闭”，集中精力构思写文章。

“文革”结束后，孙越生在社科院某研究所编一份学术刊物，为采用一位自学青年的投稿，同所长发生激烈争辩。该所长以这位自学青年之父为右派分子和一些派性诬陷之词为由禁止刊用此稿，后又要删去一半。孙越生忍无可忍，说：“除非你撤了我主编的职，我用定了这篇稿子，除非你能指出这篇首次报道近三十年来国外藏学研究概况的文章哪一半不重要，我就是要四万字全部照登。”孙越生愤怒地告到社科院领导那里，终于得到院领导支持，并嘱在按语中表扬这位自学青年。

王亚南先生室号“野马轩”。孙越生询问王亚南先生室号的由来，王亚南先生说：“每滴海水越是按照自己的自然规律自由地活动，大海才能成为威力无比的整体，每个人越是自由发展，马克思的理想也就越是临近。你应该知道马克思关于共产主义的著名定义（指共产主义是自由人结成的公社）。”孙越生又问：“您的意思，是不是也可以理解为：对马克思主义也应该采取这样的态度？”王亚南先生回答：“‘走自己的路’，这是马克思的座右铭，是他最懂得什么叫做自由。只有像他那样不愿在别人脑子里跑马的人，才不会让别人在自己的脑子里跑马。”

北师大数学系刘绍学20世纪50年代留苏，在莫斯科大学读数学博士，师从A.G.Kurosh。刘绍学尝于梦中得解。那时他曾猜想，局部有限代数借助局部有限代数的扩张仍是局部有限的，这命题对Jordan代数也应该是成立的，因为对交错代数情形刘绍学已证明，对Lie代数情形虽然这命题确不成立，但他也已给出它成立的充要条件。刘绍学长时间冥思苦想这样一个小的具体问题，却始终不得其解。然而一天夜里梦得一想法，喜醒时记下，第二天上午终得一证明。刘绍学先生后来说这是他一生中仅有的一次。

美学和文艺学家、北师大中文系一级教授黄药眠，1957年6月3日给学生作了《不得不说的话》的学术讲演，意思是他的理论还没有完全结构好，但时间不等人，如果再不讲的话，他就没有说话的机会了。他在这次学术讲演中，提出了精彩的“美是评价”的新论点。

5天之后，即6月8日，黄药眠教授就被作为右派分子遭到了批判，原因是他主张民主办校和教授治校。此后他被剥夺教学和研究的权利长达22年。

历史学家顾颉刚主张读书要“三肯”：在读书的时候要随处用自己的思想去批评它，心中想起什么问题，就自己研究一下，这样的肯思、肯写、肯翻，便可以养成自己的创造力。

华罗庚先生指导陆启铿读一本模函数的书，叫陆每看完一章即向他报告。陆后来回忆说：“华先生要我一个人站在上面讲，他一个人坐在下面听，然后一点一点地提出问题，追问为什么，给我挑毛病，直到解释满意为止。几次课下来，我不仅对所讲内容提高了认识，而华先生对证题过程的严密要求，对做学问思考问题的严谨深入，更给了我终生难忘的影响。”陆还谈到：“那个时候，我年轻劲头大，华先生写书叫我帮他整理，晚上开夜车，早上当然起得晚些了。当时华先生住清华园，清早想到什么问题，不时到我的宿舍敲门，把我从床上叫起来，和我讨论。华老那种一工作起来什么都不管地投入的精神，对我起了潜移默化的作用。”

北师大邱椿教授早年留美，20世纪50年代中期至20世纪60年代中期研究中国古代学者的教育思想，他住在沙滩的一个四合院里，院子里有大的丁香树，大缸的睡莲，花木葱茏。邱先生的书房四壁皆书，随手抽出一本，上面都有邱先生的密密麻麻的旁批。有一次邱先生正在研究王夫之教育思想，有学生拜访他，涉及王夫之的问题。邱先生说：国内无论是搞思想史、哲学史的，研究王夫之的都有，但没有一个人看完过王夫之的全部著作；他自己写王夫之的时候，通读王夫之的全部著作，而主要的著作至少读过两遍三遍，才敢开始写。

瞿菊农，哈佛哲学博士，后来到北师大做教授，人称“四十岁有四十本著作”，他也常鼓励学生要早点动手写作，“在写作中进步”，“在成文过程中提高自己”。瞿菊农讲课旁征博引，汪洋恣肆，气势恢宏。他给学生讲宋明理学，讲到酣处，常常搬出柏拉图的原版《理想国》，用纯熟的英文大段诵读，学生常有“时空交错”之感，不知“是柏是瞿”。

邓拓，大文化人，亦大新闻人，做《人民日报》总编辑，邓说：“不当新闻官”，躬亲版面。范敬宜小时候受严格的国学训练，又上过教会办的大学，做《人民日报》总编辑，亦写稿编报至细。

陆宗达曾对他的孙儿陆昕说，他从季刚（黄侃）先生那里学来两个本领，一个是学问，一个是美食。陆宗达回忆，他向季刚先生问学时，季刚先生常常对他说，你今天晚上几点几点到某某饭庄来陪我吃饭。陆进了饭庄，季刚先生往往已先在。点好菜，季刚先生便开始海阔天空地闲聊，从眼前饭菜说到平生经历，由平生经历说到家庭琐事，由家庭琐事说到社会现象等。忽然间，季刚先生讲，我昨天看某书，又得了几条心得。或者说，你要读某书，我教给你个方法。由此而大说学问，随性而至，有感而发。陆宗达心领神会，熟记于心。回去后，照书研探，果然大有启发。这种饭一般要吃到夜阑人静，长达三四个小时。散后，师徒二人步月而归，而季刚先生并不觉疲倦，总是兴致很高的样子。因此，季刚先生曾对陆宗达戏言道："我这学问你在课堂上听不到真传，非得到这饭桌上来听才是真的。"

陶英惠阅读《能静居日记》，发现郭廷以先生主编的《近代中国史事日志》《太平天国史事日志》有几个地方记错了，便在杂志上写了一篇文章指出这些错误。郭先生读到之后，觉得这个年轻人不错，于是就请他来近史所面谈。郭先生认为这个年轻人能挑出他的错误，读书一定很细心。

顾准"文革"中在干校里广泛阅读世界文化史、经济史、政治史、宗教史等著作，深思熟虑，以期把中国的事情弄清楚。一次，顾准阅读中英文对照的《圣经》，被军宣队参谋发现，该参谋引马克思语录"宗教是人民的鸦片"批评顾准读《圣经》。过几天，顾准拿了《"左派"幼稚病》辅导材料去问这位参谋：列宁说修正主义者"为了一碗红豆汤出卖了长子权"，这是什么意思。该参谋答不上来，顾准说：这个典故出自《圣经》，你不读《圣经》，就根本读不懂列宁。从此军宣队就有意识地避开顾准。

文史学家浦江清先生尝与学生语：治中国古代文学，先秦古书是源，小说戏曲是流。现在人怕艰苦，不爱读先秦古书，喜欢从小说戏曲入手，迟早总要由魏晋唐宋上溯到先秦，这就形成了“仰攻”的局面。“‘仰攻’就是居于低洼之地向高处进攻，那肯定很难，因为爬上坡路是很吃力的。”而“读了些先秦古书，实际上已攻克了难点；现在读宋元以后的书，数量虽大，确实顺流而下，那会容易得多。”

著名的力学家郭永怀先生在审查成果报告时，发现自己的名字被放在了前面，他立即提笔抹掉，并且说：“我们是做领导工作的，如果每项成果都署我们的名字，那不公平！”

语言学家赵元任没有把握的话不说。美国的语言学家马丁·裘斯教授因此评价赵元任：“赵教授在语言上从来是不会错的。”赵元任看了这个评价后，谦虚地写了一篇文章《回想我在语言上犯过的错误》来回复。

李长之1935年出版十万字的《鲁迅批判》一书，国民党统治时期把这部书视为左派读物而查禁；日伪统治时期被列为禁书；1957年李长之被划为“右派”，此书即成为“黑书”，不许读者借阅。“文革”结束，有出版社想重印此书，条件是将书名中的“批判”改为“评论”“分析”之类，李长之断然拒绝：“批判其实就是分析评论的意思。我为《鲁迅批判》遭一辈子罪，不改，不出，也罢！”

20世纪80年代初开始，陆宗达撰写《说文同源字通论》，从《说文》头一个字写到末一个字，花了整整一年半时间。这一年半时间里，除去参加必要的活动，陆先生从早晨四五点钟起床，中午睡一个小时，然后起床写作直到吃晚饭时才搁笔。有时该午睡时竟然打破惯例还在写，孙儿劝陆先生先睡觉，陆先生却说：“觉可以晚点睡，思路不能打断。现在不赶紧写，睡一觉起来思路就没了。”而这时的他已是七十八九的年纪，离去世也只有三四年了。

有位书商收藏一部《琉球国记略》，道听途说，以为是沈复《浮生六记》的流失残卷之一。该书商找到陈毓罴先生，请他写论文证明此说正确。然而论证条件不足，陈婉谢。书商不甘，接连搬出多位政要、专家，认为他们既有“定论”，陈先生何须多疑？陈毓罴认真考察，反倒发现能够证实此书非沈复所作的证据，遂撰文阐释自己的见解。论文未及刊出，陈遽然辞世。

文学史家杨公骥教授尝言：“往往是根据一些片面的孤立的材料开始形成一个新论点，于是便情不自禁的在全部材料中专门选求与自己的这一新论点有利的肯定性的材料，从而便不注意那些与自己新观点不利的否定性材料，即使有所发现也往往被忽略。在这种千方百计肯定自己的情感支配下，肯定自己的，对自己有利的材料便越积攒越多，这就欺骗了自己，自以为自己持之有故，言之成理。久而久之，顺此路‘研究’下去，也可能形成一套系统的‘学术’。不过当别的同志举出反面材料时，这长期编织的‘学术’就会毁于一旦”。

据说，有一次，外国文学专家施咸荣对钱锺书先生说，他读不懂乔伊斯《尤利西斯》。钱先生大笑着对杨绛说：“又一个承认读不懂的老实人！”

顾诚，北京师范大学历史系教授，治明史卓尔有成。顾尝与学生言：做研究写文章“要在二十年之内不让别人驳倒我”。顾写《南明史》一书，足迹遍及大江南北，搜集材料，竭泽而渔，引用书目近 600 种，查阅而未征引的书目则是此数的几倍。顾将所获资料，详加审核、辨析和考证；所作结论，不“因循”，多独创性或颠覆性。近八十万言的《南明史》，1997 年 5 月中国青年出版社付梓面世，旋获国家图书奖。据云，一批专治南明史的学者则被迫改变了研究方向。治中国史的日本早稻田大学教授佐藤文俊，回忆 1980 年 8 月在“明清史国际学术讨论会”初见顾诚的第一印象：“是位孤傲矜持的鬼才”。

周煦良平生厌恶八股，他对好的文学论文所持的标准是“不八股，有内容”。周以治西方文学名世，但对《水浒》研究亦有兴趣，晚年尝读《文学评论》杂志所刊《〈水浒〉研究三十年总评》，未料开篇即八股，气得用铅笔在目录上打了两个大叉，从此不再订阅《文学评论》。

游国恩先生主持先秦、两汉两部文学史参考资料的编纂，吴小如注释《楚辞》部分时，在注中大量引用游先生已发表过的文章，游先生发现后，便立即定了一条规矩："这两本书一定不许引用我的东西。"游先生对吴小如说：我们不能"老王卖瓜""戏台里喝彩"，一定要谦虚。

顾颉刚的读书笔记，从 1914 年到 1980 年，从未间断，200 多册本子，400 万言。

20 世纪 80 年代初，王宪钧先生向《自然辩证法通讯》投去一篇讨论数学哲学中直觉主义学派的文章，不合看稿的某君口味。某君便登门开导王先生，要王先生按照他的意思修改。王先生责某君不懂装懂，连数学哲学的基本派别都分不清，还要信口雌黄，最后忍无可忍，拍了桌子，右手中指骨折。事后主编来电道歉，恳切希望王先生不要撤稿。王先生还是撤了稿。

史学家朱维铮先生，学问渊博、桀骜不驯、特立独行。某次开会，有位自然科学家言辞中自觉或不自觉地流露出对文科的轻视，朱先生忍无可忍："你不要以为在国外帮人涮了几年瓶子就了不起，我告诉你：你出去是学人家，我出去是人家学！”

词学大师夏承焘先生谈诗词选本的编选：“选诗要严，不怕漏，只怕滥。好诗漏选多少都没有关系，因为选者所好所见不同，所取也必定不同。但平庸的诗、不好的诗却一首也不应该入选，选了就表示你不知诗的好坏。所以宁缺勿滥。”

冷门学科有时也会出“热门书”。陆宗达、王宁两教授合著的《训诂方法论》1983 年由中国社会科学出版社出版，印数高达 2 万册，仍很快脱销。1987 年，中国社会科学出版社原拟重排，却因印刷厂搬迁，原版未能及时找到而未果。陆、王合著的《古汉语词义答问》交甘肃一家出版社于 1988 年出版，发行不到两个月即脱销。

钱伟长先生曾对数学工具与工程技术关系问题作过一个论述，钱伟长说：“做一番事业，用的工具要恰到好处，目的是解决问题。就像屠夫杀猪要用好刀，但这把刀刚好就行，不要整天磨刀，欣赏刀，磨得多好啊！那是刀匠的事。”钱先生戏谑说：“不要做刀匠。要做屠夫，去找最合适的刀，去杀最难的问题。”

据杨绛说，钱锺书写的外文读书笔记有 178 本，一共 34000 多页，中文笔记和外文笔记差不多，还有 23 本读书心得。钱锺书看过的牛津大辞典上，密密麻麻写满了批注。

历史学家周谷城晚年对复旦学生说：我劝大家读罗素的书，这个人数学、物理学高明，读了他的哲学书不会吃多少亏。他讲一辈子哲学，他最谦虚；他讲哲学的地方处处是分析，引人入胜。他每一本书都具有特殊意义。

中国社会科学院研究员张泽咸20世纪80年代给外地一所大学的研究生讲专题课《汉宋间的寺院和寺院经济》。回京后，他准备整理成一本书。这时读到北京师范大学历史系何兹全教授主编的《五十年来汉唐佛教寺院经济研究》一书，，又读了何先生指导的谢重光博士所写的晋唐间寺院经济的论文之后，得出结论：自己已完全没有必要再去整理课堂上讲过的那些东西了。于是不再写下去。

20世纪90年代中国学界流行的“解构”（deconstruct）一辞原来是钱锺书先生应人之请翻译的。

陈元晖先生坚守学术独立。20世纪90年代初陈先生在北师大学报发表6万字论文《中国教育学七十年》，文中不少篇幅提到刘佛年主编的《教育学》，谈了不少意见，很少肯定这本教材的价值和贡献。有人希望陈先生在文中能够补写几句总体肯定这部教材的话，还说有位国家领导人在一次会议上就讲“刘佛年编写的教育学还不错嘛”。陈先生反问道：这位国家领导人真看过吗？熟悉陈先生的人说：这就是陈先生的性格，你越想用政治大帽子压人，他越不服气，越要坚持个人见解。

卷二　师友·交游

梁实秋年轻时去看梁启超，正好碰到某位大官来访，梁实秋起身就要告辞，梁启超先生说："别走，我们再谈。"将大官晾在室外，独与梁实秋长谈。1951 年，在台湾，一位文学后辈去看梁实秋，谈不了几句，铃声突然大作，台湾"教育部长"黄季陆来访。这位后辈马上想走，梁先生让他按兵不动，反而出去请部长在外面稍候，一候就是四五十分钟。

姜亮夫在清华国学院念书时，苏联盲诗人爱罗先珂旅游至北京。姜是云南人，北京的云南会馆出一刊物，姜是编辑。刊物请爱罗先珂画一张学刊封面，要姜作一题词。姜就为这幅画填词一首，自己没有信心，想请王国维先生看一看。晚上七时半，姜到王先生家，王看了词，对姜说："你过去想做诗人，你这人理性东西多，感情少，词是复杂感情的产物，这首词还可以。"一改改了近两个小时，在王改词时，姜顺手翻看两本书，其中一本是德文版《资本论》，书里面用好几色打了记号。王看了看姜说："此书是我十多年前读德国人作品时读的。”晚九时多，词改好后，姜告辞，王要家人点灯笼跟他一起送姜到大礼堂后面的流水桥，等姜过桥后王才回去，王说：“你的眼睛太坏，过了小桥，路便好走了。”姜几乎落泪。

20世纪30年代教育家李建勋曾担任北师大教育系系主任。学校设“论文研究”一科，以之培养学生独立研究的能力，并以论文提交及良否为毕业与否的条件。教育系严格执行此规定。当时四川省某著名权要的女儿毕业于教育系，因其未按规定提交论文，未发给她毕业证书。时隔多年，她父亲一再托情希望给他女儿领得证书，李先生以碍于规定，并未因其为一著名权要而有所通融，终未发给毕业证书。

1935年毕业于北师大教育系的许椿生，当年的毕业论文题目是《大学教育系之课程》，是根据10所大学教育系所设课程进行分析、比较，提出批评及建议，是一篇优秀的毕业论文，李建勋先生即将此论文推荐刊载在当时的学报《师大月刊》第20期（1935年7月出版），以后一直和其他几篇优秀的毕业论文陈列在教育系数据室专柜，以供同学们参阅。

钱玄同和高步瀛同在北师大任教，学术见解不同，但私交甚好。“五四”时，钱提出“选学妖孽，桐城谬种”的口号。但高大不以为然，有一次给学生讲《文选》时，高忽然大声发起脾气来，说：有人曾说“选学妖孽，桐城谬种”，谁是“妖孽”？谁是“谬种”？他们懂吗？——声色俱厉，大声斥责一阵之后，又慢慢平静下来，说：这也难怪，有些文章还作不通的人，就自吹自擂是庾徐复生，方姚再世，吹嘘自己是骈文家、古文家，胡说一通，招摇过市。这是骈文、古文的末流、败类，不能怪《文选》，怪方姚。有人提出要打倒他们，也是情有可原的。但学校每年发聘书时，系主任钱玄同总是到高先生家亲自送上教授聘书，以示尊敬。

语言学家张清常教授精通音乐，他谱曲的《西南联大校歌》流传极广。他是当年西南联大最年轻的文科教授。张先后毕业于北师大国文系和清华研究院。

史学家邓之诚学问渊博，无人敢非议。但邓先生为人又带有故旧老辈之遗风，服饰、派头与按西方模式建立起来的燕京大学习俗殊不相类。特别是邓先生当时还有一房姨太太，常为燕大外籍教师所窃议，以为与西方平等观念及时代潮流太不相称，暗中向燕大监督司徒雷登建议解聘邓先生的不乏其人。司徒雷登征求历史系主任洪业（煨莲）先生的意见。洪先生认为邓先生的学问好，为人正直，有此两点，足以为燕大增光，至于个人私生活，则不必妄加干预。

对于学生的点滴发现，洪业先生总是大加表彰。学生若有佳作，洪先生欣喜之下，时常会邀请学生们到他家中吃顿饭，喝点酒，甚至亲自下厨，搞一两样精致的福建菜。席间大家谈笑风生，师生界限荡然无存，真是其乐也融融。

数学家、北师大数学系教授傅种孙爱才，像闵嗣鹤、赵慈庚、王世强、梁绍鸿等都曾得到傅先生的帮助和提携。闵嗣鹤日后成为解析数论名家，王世强是我国在数理逻辑等领域的学术带头人，赵慈庚成为有名的数学教育家……但傅先生对能力较弱的学生也很关心，他向一些比较平庸的学生说过："人家卖米，咱们卖糠，世界上也要用糠啊。"他的意思是说，每个人都有一份力量，只要把力量用在正路上，都能给人类增加幸福。

大数学家苏步青小时候家里穷，老师看不起他，还有意刁难他。一次，苏步青写了一篇很有特色的作文，老师先是怀疑他抄来的，后来查清是他自己写的，仍给他批了"差"，严重伤害了苏步青的自尊心。他以不听课、尽情玩耍表示抗议，结果，这学年他的成绩又是倒数第一名。新学年开始，班级调来了一位叫陈玉峰的老师。他发现苏步青挺聪明，就是贪玩，还有受委屈的情绪，就找他谈话："父母用劳动的血汗钱供你读书，你却不用功念书，这样做对得起父母吗？"老师还启发他说："个人的前途要自己去争取。我看你的资质不差，又能吃苦，只要努力学习，一定会成为有用的人材……"陈老师的话触动了苏步青。苏步青由此渐渐振奋起来，决心做一个有所作为的人。

何廉，南开大学经济学教授，曾做国民政府农本局总经理。据云，何在农本局任职，治下威严，凡是新到的职员都有机会于周末与何共进晚餐，何则借此机会观察和发现人才。

刘文典固生性狂傲，但也有承蒙他瞧得上眼的。精通 14 种语言、学问渊深博大的陈寅恪，刘文典即敬重有加。刘公开承认他的学问不及陈氏之万一。刘多次对学生说：自己对陈氏的人格、学问不是十分敬佩，是十二万分的敬佩。刘文典宣称，西南联大只有三个教授：陈寅恪、冯友兰，他和唐兰各算半个。

刘文典学贯中西，恃才自傲。在西南联大，刘十分看不上搞新闻学的沈从文，评沈从文升教授时刘就说："在西南联大陈寅恪才是真正的教授，他应该拿四百块钱，我该拿四十块钱，沈从文该拿四块钱。可我不会给他四毛钱。沈从文都是教授，那我是什么？那我是什么？我不成了太上教授了吗？"有次大家躲避日军飞机袭击纷纷奔逃，沈从文经过刘文典时，刘文典大怒，骂道："我跑是为了保存国粹，为学生讲《庄子》；你跟着跑什么跑啊！"

"现代儒学三圣"马一浮、熊十力、梁漱溟写的字，马一浮是书法大家，字迹俊秀典雅；梁漱溟笔力遒劲，书面整洁；熊十力的书信草稿常常写在信手拈来的破纸烂笺背面，挤得满满的，写完之后复用朱笔圈圈点点，不时加上“吃紧”“此处吃紧”的警语，往往弄得一塌糊涂，难以辨认。

钱锺书在牛津读书时，老师庄士敦曾对钱的论文提出过批评，说是引据不全，又不是原始出典。钱后来回忆说“我以前哪里懂得这个，以后就注意了”。

语言学家陆志韦先生对他的学生，后来也成语言学名家的俞敏教授的评语是“能够深思，眼面前儿的大路货上倒是粗粗砺砺的”。

谢婉莹20世纪20年代在燕京大学念书时，就用“冰心”作笔名发表新诗《繁星》和小说《超人》等作品。周作人在燕大国文系讲新文学课时还讲授过冰心的诗歌和小说，但周只知“谢婉莹”这个学名，不知“冰心”就是谢婉莹，而冰心只是和同班们一起低头听周先生讲她的作品。

梁漱溟在顺天中学堂念书，国文课作文时总喜欢作翻案文章，不肯落俗套。有时写不成功，有时则出奇制胜。一位姓王的国文先生很讨厌梁，常鞭挞梁写的翻案文章，写过“好恶拂人之性，灾必逮夫身”的批语。而后来有一位姓范的国文先生却欣赏梁，在梁的作文上写过“语不惊人死不休”等赞语。

1926年，陈省身入学南开数学系，那一届仅四名学生，有的选修课听者只有一人，姜立夫无论听众多少，授课照样认真，声音依然洪亮。

20世纪30年代，北大有一句话：“正式生不如旁听生，旁听生不如偷听生。”旁听生指没有选这个课的北大学生，偷听生指根本不是北大的学生。有一次胡适之先生在课堂上问：“你们哪位是偷听生？没关系，能来偷听更是好学之士。我只希望你们给我一个名字，是我班上的学生。”

1938年，王钟翰刚念燕京大学研究生的第一学期，抗战形势已急转直下。鉴于日本会与美国发生冲突，燕京大学虽然属教会学校，受美国庇护，但恐前途难保，洪业先生对王说：“你的研究生恐怕未必能念完三年，你还是抓紧时间，赶快毕业吧。问题一时研究不完，以后再说，青山不改，绿水长流，何必在意一篇硕士论文呢？”邓之诚先生也极力赞成。于是，王日夜兼程，终于提前一年于1940年夏完成一篇十余万字的论文。答辩会上，洪先生说：“单凭王钟翰所搜罗清代各部院则例的这么多新史料，已足以获得硕士学位了。”其他诸导师亦无异议。这样，王便成为历史学硕士。

后来成为哲学名家的张岱年，在北师大附中念三年级时，北师大教授兼附中主任（即校长）林砺儒先生为全校作了一次学术讲演，讲演德国哲学家康德的“三大律令”。张听了非常感动，非常佩服，从此“要把任何人都看作目的，不要看作工具”这一道德律令，深深地印在张的头脑之中。林砺儒，近世教育家，生于1889

年，卒于 1977 年。早年留学日本，曾担任过北师大校长、教育部副部长等职，著有《文化教育学》《教育哲学》等。

1940 年，金景芳到乐山复性书院学习，时值当时的教育部举办“著作发明及美术奖励”。金景芳求金毓黻、高亨两教授写推荐书，用《易通》申请奖励。金景芳当时怀有一种矛盾的心理，既认为自己的书有创见，可以请奖；又担心书是用马克思主义观点写的，遭到惩处怎么办？结果竟获奖，实出金的意外。

自由撰稿人王芸生 1929 年 5 月为天津《华北新闻》撰写了一篇社论，内容是与当时天津《大公报》总编辑张季鸾辩论一个问题。张不以为忤，却很欣赏王的文笔。6 月，王芸生正式成为《大公报》的一员。

蒙文通，四川人，廖季平的学生。蒙文通在四川大学教书，和学校闹翻，学校不聘蒙，蒙还是照样去上课。蒙说：你不聘我是你四川大学的事情，我是四川人，我不能不教四川子弟。学生照样去上课，学校拿他也没办法。

王叔岷在台湾大学教书，不拘泥旧说，又有系统。改作文，有一句好，他都给标出，顶批、旁批、总评，总是满满的，学生非常喜欢。学生常与王亲近倾谈，无话不说，甚于家人父子。

王叔岷在台湾大学中文系教书时，喜闲步校园赏花。每年杜鹃花开，学生问王：“老师，哪一朵先开？”王都知道。有女学生见有并蒂杜鹃花，采来送王，王喜欢，谢学生，并说：“爱花不要采花，采花花会痛的。”学生忍不住笑。

李剑农，民初主编《民国日报》，又与闻《太平洋杂志》编务，著《最近三十年中国政治史》。李做武汉大学历史系教授，接待一位前来请益的中学生，将自己亲身经验告诉该生：一个成功的新闻记者，尤其是报馆主笔是需要良好的历史知识作基础的；并且一个大学历史系毕业生要从事新闻工作比较一个新闻系毕业生去致力史学研究要容易得多。该中学生遂决心学史学。这名中学生即后来成为史学名家的吴相湘。

吴相湘晚年著文，回忆长沙明德中学的校园生活：学校内有一大水塘，中筑一楚辞亭，夏日荷花满池。著名诗人吴芳吉曾有诗咏其盛景。每日晚餐后，师生环绕池塘散步，扩音机放送音乐唱片、中央广播电台新闻报告和评论。师生们散坐塘畔静听，或讲笑话故事，更增加愉快气氛。

顾颉刚讲课，极不善于言辞，口吃似讷讷不能出声，上课时总是写黑板。但课余与一二同学讨论，则多受其益。

叶楚伧办报之余，也在学堂兼课。叶曾在上海的中国基督教青年会中学教国文，班上一学生聪明而带点顽皮。该生发现叶参加过革命，就故意自称是汉军旗人，在国文习作里面，一再赞颂“我朝”的“深仁厚泽，沦肌浃髓”，或写上其他类似的“反革命”字样。叶看了也不生气，把该生所写细加删改，并恳切地劝该生好好求学，不可卖弄聪明，虚耗时力。

黄侃治学，无论巨细，不断自我订正，从不文过饰非。黄侃 1932 年 6 月写给陆宗达的信上说：“侃所点书，句读颇有误处，望随时改正。”

日本学者吉川幸次郎向黄侃质疑：“《谷梁释文》两云‘释旧作某’，何谓也?”黄侃没有查看原书就立即回答：“此宋时校者之词，非陆本文。释旧作某，《释文》旧本作某云尔。”吉川幸次郎蓄此疑有年，问之北士，皆未之省，黄侃此解乃可涣然。吉川幸次郎弥益叹服，即有从游之志。

日本学者吉川幸次郎 20 世纪 30 年代初访学中国，见过陈寅恪先生，对陈先生的印象是：看起来很敏锐，有西田几多郎年轻时的风采。吉川幸次初次拜访黄侃先生，黄侃高高的身材，蓝色的长袍，小小的金丝边眼镜后面，是充满精锐的目光，“一副年轻的西田几多郎先生的风貌。话锋也如西田几多郎那样地豪爽、快捷。”西田几多郎是日本近代哲学家。

傅斯年办史语所有一个原则，即凡是在史语所工作的人都不准在外面兼课。但是陈寅恪先生和赵元任先生一定要在清华兼课，傅不得已，为了请到这两位杰出的人才，只好退一步，说：好！只有你们两位可以在外兼课，别的都不许！

余逊、柴德赓、启功、周祖谟，谊兼师友，常去史学大师陈垣府上请益，被戏称为陈垣身边的“四翰林”或“南书房四行走”。

冯友兰在清华教大三的中国哲学史。冯上课，学生如不发言，他则大都默坐不语，不主动开讲。回答学生问题，冯往往能用日常事物比喻乍看之下艰深的哲理，或把原文的意蕴层次分析得停当入微；而且时有妙语如珠。

清华数学系学生李整武是他们1934年入学的这一级中的状元，属天才学生。李在微积分班上时常不缴习题，引起教员华罗庚大大的不满；理学院长吴有训先生对华说：“他缴不缴习题，你不必管，他在自己脑子里会作的！”

清华经济系主授统计的赵人儁教授，书架上颇多数学专著。学生问他经济学家怎会用得上如此高深的数学。赵非常坦白地对学生说，他有好学生徐毓枬，自己经济学的知识不过比徐占先一两步，如不用功很容易被徐赶平。

西南联大期间，为避日机频繁空袭，北大在昆明东北郊岗头村盖平房几所，为蒋梦麟校长疏散之用。此外在阶下另一大院盖平房七间等，以备北大同仁暂避之用。盛传蒋梦麟夫人陶曾谷女士与北大同仁及家属不睦，与周炳琳个性上冲突尤烈。双方都向北大秘书长郑天挺先生抱怨，要求大院与蒋寓之间筑一高墙，互相隔绝，永避冲突。郑天挺先生一再调解无效，最后只好同意搭墙；但墙只起到一尺多高便停工了。无论双方如何施压，郑天挺先生也不把墙搭高。不到半月，双方羞愧难当，不谋而合地又要求郑先生把这道碍眼的矮墙拆除了。

钱端升在西南联大时，尝与准备出国留学的何炳棣谈话，殷殷期望云：……你们出国深造前途不可限量。要紧的是，不要三心二意，一边教书，一边又想做官。你看蒋廷黻多可惜，他如果不去行政院，留在清华教书，他在外交史方面会有大成就。我希望你能专心致志地搞学问，将来的成就肯定会超过我们这一辈的。

冯宝麟，即后来有名的哲学家冯契，出自农家，性格内向，在清华念一、二年级时就不声不吭地啃大本大本的西文版的康德和斯宾诺莎著作。冯友兰先生讲中国哲学史课，每讲到自认为淋漓尽致的时候，总是向班上说“密密密斯忒儿冯冯冯宝麟，你你有什么意见？”

容庚著《金文编》，谒罗振玉，初不相识。罗见容的稿本，大为嘉许，怂其付印，并介绍给王国维、马叔平等，容庚因此入北京大学国学门修业。时罗振玉办有铅印石印局，容庚《金文编》第一次印本，由容本人手摹，经罗的铅印石印局而出版。

孙楷第在北师大国文系读书，杨树达教授让孙帮他校勘刘昼的《刘子新论》。杨树达用的是《汉魏丛书》本。藏书大家傅增湘将所珍藏的明代子惠本、吉府二十子本，送与孙楷第。孙以好的本子作为参证，《刘子新论》校勘甚精。杨树达先生对孙的校勘很满意，就对孙说："你做得很有成绩，自己独立吧，就不算帮我了。"于是，这部稿子就成了孙楷第的第一次治学实践了。

孙楷第在北师大国文系读书，校勘《刘子新论》后，又校勘《韩非子》。当时，杨树达正为孙楷第的班上开这门课，师生不谋而合。杨看孙校得很好，时常在课堂上直引孙的研究成果，说孙楷第君是怎样认为的。

高步瀛先生在北师大国文系授课，在《文选》课上，学生孙楷第修正了高步瀛先生关于训诂史上的一个观点，高先生对孙的看法大为称赞，在课堂上公开讲："还是北大、北师大有好学生。"

杨绛在清华选修中文系朱自清教授的"散文习作"课程，于1934年秋天写了一篇作业，即短篇小说《璐璐，不用愁!》，描写青春期少女的三角恋爱心理，受到朱自清赏识，朱先生把这篇小说推荐给《大公报·文艺副刊》发表。

陈衍老先生尝与青年学生钱锺书谈话，说到科举，陈衍说："科举之学，不知销却多少才人精力。今人谓学校起而旧学衰，直是胡说。老辈须中进士，方能专力经史学问，即令早达，亦已掷十数年光阴于无用。学校中英算格致，既较八股为有益，书本师友均视昔日为易得，故眼中英髦，骎骎突过老辈。当年如学海堂、诂经精舍等文集，今日学校高才所作，有过无不及。"钱锺书说："所见先辈中，为此论者，惟丈一人，通达可佩……"

殷海光年轻时在北京拜访熊十力，熊十力当着他的面，大骂几位当时哲学界的名流。殷甚为惊愕，后来他把这件事告诉他的老师金岳霖。金对殷淡淡地说："呃！人总是有情绪的动物。是人，就难免打人骂人的。"

潘光旦在西南联大教书。云南多老鼠，潘光旦便每天晚上张夹设笼捕之，有一天竟捕得十多只，便掏去内脏，洗净切块。夫人断葱拍姜，烹以酒浆。煮沸，则甘香扑鼻。潘大喜，谎称偶获野味，邀亲朋好友数人共享。席间，鼠肉上桌，众宾客闻"香"而动，大快朵颐，竟不辨是獐是鹿。客问：此何野味？潘笑而应曰：鼠肉。众宾客哗然，无再有下箸者。潘轩然而笑说：我又在心理学上得到一条证明。

北大学生在"五四"前创办的三本刊物，如冯友兰所说，"左派的刊物叫《新潮》，中派的刊物叫《国民》，右派的刊物叫《国故》”。《国故》与新文化运动树异，用中国毛边纸线装。当时《国故》诸人办杂志无经费，据蒋复璁云，蔡元培校长拨学校款，按月三百元资助之。钱穆后来因此说：则当时蔡孑民亦非专一偏袒中国新文化运动一边可知。

黄侃在北平教大学，常带学生游法源寺、广济寺等等地方，游完，便一同找个有名饭馆吃晚饭。黄侃每饭一定喝最好白酒，他说：饮君子要浅斟细酌，用大杯咕噜咕噜喝下去，纵使喝得多，算不得饮君子。一餐饭，至少得花两三小时。饭罢，还得拈韵或作诗、或填词，限第二天下午课前交卷。他也作诗填词，拿出来和学生的比。

黄侃在南京中央大学教书，常与汪旭初、吴瞿庵、胡小石诸教授登山临水，饮酒听曲。某达官请客，一留洋初返国之某少年最后至，大家虚席以待，某少年到时，径坐首席，又夸耀说，适自某达官家来，又某达官约宴，尚无暇前往。黄侃说：“你这人真没学问！”某少年自报留学某国某国，共有五六年之久，何以要说他没有学问呢？黄侃起立说：“鄙人留学中国40余年，尚谈不到学问，你五六年之久，算得什么呢！”

胡适赞赏青年学者罗尔纲的“狷介”，即“行为上的不苟且”，并引《孟子》一书里所说的“非其义也，非其道也，一介不以与人，一介不以取诸人”以释“不苟且”。胡适说：凡在行为上能够“一介不苟取，一介不苟与”的人，在学问上也必定可以养成一丝一毫不草率不苟且的工作习惯。后来胡适又以“谨慎勤敏”释“不苟且”。

胡适爱护一个青年人的自尊心，无微不至。罗尔纲中国公学毕业后，到胡适府上做家教，并抄录“太老师”铁花先生遗集。胡适家常常名流满座，每逢客人到，胡适把罗尔纲介绍后，随口便把罗夸奖一两句，使客人不致太忽略罗尔纲这个当时尚无名位的青年人。有时胡适家有特别的宴会，胡适便预先通知他的堂弟胡成之，到了胡适宴客那天把罗尔纲请去成之家作客。

罗尔纲在中国公学读书。沈从文只念过小学，胡适把他安排上大学讲座。选沈从文课的有二十多人，其中有罗尔纲。沈从文第一天上课，教室却坐满了人，他在讲台上站了十多分钟，说不出话来。突然他惊叫了一声说：“我见你们人多，要哭了！”这一句古往今来堪称奇绝的老师开场白，刚刚说过，就奔流似的滔滔不绝把当代中国的文坛说了一个小时，特别对新兴作家巴金等的评述，讲得最详细。

傅斯年有时霸气过甚，亦会囿于偏见而不识人才。王世襄 1943 年冬从北平到重庆，想去李庄的中央研究院史语所工作。梁思成先生带王世襄去史语所拜见所长傅斯年。见了面，傅斯年只说了两句话。第一句问：

“你是哪个学校毕业的？”王世襄答：“燕京大学国文系本科及研究院。”傅斯年说：“燕京大学毕业的不配到史语所来。”王世襄赧然而退，随后到中国营造学社跟从梁思成学习、工作。梁思成根据王世襄的专长学识，让他多阅读古代典籍《营造法式》、清代工匠则例等，这些学习给王世襄后来研究髹漆及明代家具等有很大帮助。所以王世襄后来称梁思成先生是他的“启蒙”。

姜亮夫回忆清华国学研究院的生活时说：“在清华这个环境当中，你要讲不正当的话，找一个人讲肮脏话是不可能的。先生同先生、学生同先生、学生同学生，碰见了都是讲某个杂志上有某篇文章，看过了没有。如都看过两人就讨论起来，如一方没有看过，看过的就说这篇文章有什么好处，建议对方去看。”

郑敏后来在北师大外语系做教授，当年她曾在西南联大哲学系读书。郑敏这样回忆冯友兰：“一位留有长髯的长者，穿着灰蓝色的长袍，走在昆明西南联大校舍的土径上，两侧都是一排排铁皮顶、有窗无玻璃的平房，时间约在 1942 年……正在这时，从垂直的另一条小径走来一位身材高高的，戴着一副墨镜，将风衣搭在肩上，穿着西裤衬衫的学者。只听那位学者问道：‘芝生（友兰）到什么境界了？’于是两位教授大笑，擦身而过，各自去上课了。”“留有长髯的长者”即冯友兰，“身材高高的，戴着一副墨镜”的即金岳霖。郑敏还说，当时“每位教授走在那狭小的昆明石板小径上，都像是沉浸在自己的学术思考中”。

丁文江曾在北京大学做地质学教授，亦在北师大兼课。他对学生很热心，对功课肯费工夫准备。每谈起他的学生如何用功，他真是眉飞色舞。他对他班上的学生某人天资如何，某人功力如何，都记得清清楚楚。

费孝通年轻时在英国伦敦经济政治学院从马林诺斯基读人类学。当费孝通写论文时，写完了一章，费孝通就到马林诺斯基床前去念，马林诺斯基用白布把双眼蒙起，躺在床上，费孝通在旁边念，有时费想他是睡着了，但是还是不敢停。他有时突然从床上跳了起来，说费哪一段写得不够，哪一段说得不对头，直把费吓得不知所措。

费孝通留英，到 1938 年，导师马林诺斯基催促费，要费赶快把论文写完。马林诺斯基是个性格很矛盾的人，表面上有说有笑，而骨子里却抑郁深沉。据说他有一种恐惧死亡的精神病症，所以当欧洲战云密布的气氛袭来的时候，他紧张得受不住，准备去美国了。行前打算让费考过了，好告一结束，所以为费举行的考试完全是一种形式。伦敦大学只派来了一个“考官”，叫丹尼森·罗斯爵士，是一个著名的“东方学者”。考试是在马林诺斯基的家里举行。马林诺斯基为这次仪式预备了几种酒。这位“考官”一到，就喝起酒来，举杯为这位老师道喜，说他的这位门生在学术上做出了贡献。接下去使费吃惊的是，他说他的老婆已细细读过这篇论文，一口气把它读完，足见具有很大的吸引力。这句话也可能表示，他自己根本没有看过这篇论文。他说完了这段话，就谈起别的事来了。在他要告辞时，还是马林诺斯基记起还有考试这回事，就问他是不是在他离开之前完成一点手续，在一张印得很考究的学位考试审定书上签个字。他欣然同意，又喝了一杯酒，结束了这幕喜剧。

抗战期间，1941 年 8 月，山西大学北迁陕北宜川。马非百应学生要求，特开《秦史》课。又为稳定全校师生的心理起见，在 1942 年 2 月 16 日以“二千三百年前的山西大学——子夏石室”为题，作公开演讲，借子夏可以在当时的秦魏战争前线韩城石室讲学之史事，砥砺师生。当场并宣布演讲的大窑洞为“师夏堂”，堂前的小山路为段干木路、吴起路、禽滑黎路（这几人均为子夏当时培养的了不起的人才）。

高亨，吉林人，1923 年秋考入北师大，1924 年秋又考入北大，1925 年秋考入清华国学院，1926 年夏毕业。毕业论文《韩非子集解补正》深得梁启超嘉奖。梁先生对高说：“陈兰甫开始把《说文》带到广东，希望你开始把《说文》带到东北。”梁赠高对联曰：“读书最要识家法；行事不须同俗人。”

竺可桢先生在南京高师教授气象学、地质学、地理学，课堂讲授和野外实习相结合，择其成绩优异者，列举姓名，牌示办公室外，免除期中或年终大考。有时竺先生邀请成绩优秀的学生到家中做客，竺师母做馔招待，席间竺先生畅谈留学时期师生故事，以为笑乐，使学生觉得有一种说不出的亲切之感。

傅筑夫中学时代对学习理科、特别是化学有极浓厚的兴趣。所以 1921 年他报考北京高等师范学校，本来可以填两个学科志愿，他只填了一个第一志愿：理化部。可是入学一个学期后，他开始对文科发生更加浓厚的兴趣。那时学校实行选课制，系的界限并不严格，傅筑夫提出转系的申请，很快获得批准。此后，傅筑夫受业于名师，由大文科而渐至中国经济史，终成中国经济史一代名家。

陈述在北师大历史系念书，著《金史氏族表》。陈垣先生在一个小型集会上把《金史氏族表》交给陈寅恪等两位先生看，并请估计作者的年龄，寅恪先生看了以后说："可能在四十左右。"陈垣先生说："他只二十一二岁，是我的学生。"寅恪先生说："你让他跟我见个面。"陈述于是到西四姚家胡同陈宅。陈宅看门者是位老年人，用旧规矩，把名片举在右肩膀上，导客入室。寅恪先生对后辈陈述，倍极勉励，说古谈今，诚恳热情。临别还说："平日我在清华园，周末进城，以后再来。"1934 年秋末，傅斯年约陈述到北海静心斋史语所谈谈，希望陈述毕业后能到所里来。第二年4月，陈述就进了史语所，此后专心于辽金史和北方民族史，卓然而成一代名家。

傅斯年参加山东官费留学生考试，成绩出类拔萃。但因傅斯年是“五四”运动健将，试官们都不主张录取他，理由是：“他是激烈分子，不是循规蹈矩的学生。”陈雪南（名豫）先生时在教育厅做科长，攘臂力争：“成绩这么优越的学生，而不让他留学，还办什么教育！”由于陈雪南先生的力争，傅斯年幸不至名落孙山。

岑仲勉卒业关税学校，从公余暇，笃志潜修，覃精中古史地之学。陈垣先生荐岑仲勉入中研院史语所。岑仲勉兀傲，闭户撰述，不与闻外事，不追逐应酬。傅斯年尝与人曰：岑君一空依傍，特立独行，以有今日之成就，豪杰士也。

马一浮交游甚广，而平生最相行的好友，为谢无量。士林有“二难”之誉。马一浮严谨，谢无量则豁达；马一浮冷峻，谢无量则和易。二人性格截然不同，而相反相成。

夏元瑜先生晚年在台湾回忆他小时候在北师大附中念书时的情形。夏说：“那时候北师大附中的老师待遇好，他们也不去别处兼课。每班25人，缺了也不补……老师好，学生少，教得哪有不仔细之理？”夏元瑜后来考入北师大生物系。夏元瑜说自己“今天能改行写稿”，未尝不是北师大附中学习那段时间里“受师长之赐。现在学生两周做一篇文，我那时一周做两篇文”，班级学生人数这样少，老师“安有不细细指点之理？”

夏元瑜从小爱动物，早就立了志，将来非入生物系不可。北师大生物系建系早、设备完善，那时是全国最好的。夏元瑜生物学考得好，得偿所愿，考入北师大的生物系。夏元瑜说，“大概正因为我们全是真正的志愿，不是为了学分才上课，当然努力不懈。天天在实验室里正是怡然自得，好像‘化求知为娱乐’”。

《新青年》原由陈独秀一人主编。为扩大编辑力量，从第六卷起，《新青年》改由陈独秀、胡适、李大钊、刘半农、钱玄同、陶孟和六人轮流编辑。轮到陶孟和负责编辑的那一期，周作人送去一篇译稿，是日本作家江马修的小说，题目是《小的一个人》。周作人也觉得题目不符合中文的读写规范，但无论怎么总是译不好。陶孟和见后，给他添了一个字，改作《小小的一个人》。意思不变，也符合中文的表达习惯。周作人对此记忆犹新，认为陶孟和是自己的“一字之师”，还在《知堂回想录》中专门记录此事。

1925 年，正在美国哈佛大学任教的赵元任接受清华邀请，到清华国学研究院做导师。但要辞职需找个相当资格的人代替，赵元任与系主任都觉得，只有陈寅恪有资格接替他，便给远在柏林大学求学的陈寅恪写信征求意见，陈回信说："我不想再到哈佛，我对美国留恋的只是波士顿中国饭馆醉香楼的龙虾。"

梁启超在北大作"评胡适的《中国哲学史大纲》"的演讲，第二天，胡适也来到会场听讲。演讲最后，梁启超总结性地说："这部书讲墨子、荀子最好，讲孔子、庄子最不好，总说一句，凡关于知识论方面，到处发现石破天惊的伟论，凡关于宇宙观人生观方面，什有九很浅薄或谬误。"讲到这里，梁启超转过头来对胡适说："适之，你说是不是这样，我没有造谣吧？"会场里哄堂大笑。

朱自清在西南联大教书时对学生热情鼓励，但并不轻易称许，往往为一个问题会与学生争得不可开交。他曾风趣地对学生说："你们不易说服我，我也不易说服你们，甚至我连我的太太也说不服，虽然民主的精神在于说服。"

某日，哲学教授金岳霖打电话给杨步伟，以异常沉重而急切的语气说是有要紧的事，请杨进城来帮忙。杨问什么事，金不肯说，只是说非请你来一趟不可，越快越好，事办好了请吃烤鸭。杨步伟是医生，以为是其女友秦丽莲怀孕了，说犯法的事情我可不能做。金回答说，大约不犯法吧。杨步伟和赵元任将信将疑地进了城。到金家时，秦来开门，杨步伟还一个劲儿地盯着她的肚子看。进门以后，杨才知道不是人出了事而是鸡出了事。金养了一只鸡，三天了，一个蛋都生不下来。杨步伟听了，又好气，又好笑。把鸡抓来一看，原来金经常给它喂鱼肝油，以至鸡体重达十八磅，并且因此“难产”。鸡下蛋时，下到一半就出不来了，急得金博士团团转。杨步伟不说二话，一掏就出来了。金一见，赞叹不已。事后，为表庆贺，母鸡的主人特地请他们到烤鸭店吃了烤鸭。

沈从文最可爱的一点是锲而不舍，表现在他追求张兆和的勇往直前上面。对于二人的婚姻，张兆和表示“此事不可能”！但先生决不放弃，坚持写情书不止，终于精诚所至金石为开，二人结为夫妇。后来发生磨擦，张兆和拿着一摞子沈从文写的情书去找胡适校长诉苦，并要撕毁这些情书，胡适说：他已经是中国名人了，这些情书都是无价之宝，千万不要撕毁了！

傅斯年说：“蔡元培先生实在代表两种伟大文化：一曰，中国传统圣贤之修养；一曰，西欧自由博爱之理想。此两种文化，具其一难，兼备尤不可觏。先生殁后，此两种文化，在中国之气象已亡矣！”

1925 年阴历七月初七，徐志摩与陆小曼结婚，请梁启超出席证婚。梁启超反对他们“使君有妇”“罗敷有夫”之间的恋情，也规劝过徐志摩；碍于徐志摩之父和胡适的情面，梁启超答应出席证婚。但在婚礼上梁启超却对徐志摩、陆小曼用情不专厉声训斥，滔滔不绝，使满堂宾客瞠目结舌。徐志摩不得不哀求：“先生，给学生留点脸面吧。”

蔡元培任北京大学校长时，有次他突然问学生：“5加5是多少？”学生以为校长所问必有奥妙，都不敢作答。好一会，才有一学生率直地说：“5加5等于10。”蔡笑着说：“对！对！”并鼓励说：“青年们切不要崇拜偶像！”

1923年，胡适曾为青年拟了“最低限度的国学书目”，把《三侠五义》《九命奇冤》也列入。梁启超对胡适说：我便是没有读过这两部书的人，我虽自知学问浅陋，但说连国学最低限度都没有，我不服。

20世纪40年代末在芝加哥大学求学期间，李政道师从诺贝尔奖获得者、第一座核反应堆的设计者、著名物理学家费米教授。费米当时非常繁忙，可是不管有多忙，每星期他都要花上半天时间给李政道做一对一的教导。

启功先生曾和陆宗达等在辅仁大学当教员，时常下了课聚到一块儿找个饭铺聚餐。菜上好了，大家酒杯一端，但先不喝，得陆宗达就饭桌上的某个菜名讲《说文》。比如今儿这菜里有一道清蒸鱼，就请陆讲这个“鱼”字从古到今形音义的变化。讲完了，大家一起喊“干”，这才把酒喝下去。启功晚年作诗回忆当时的情景，诗曰：“回首交期六十春，人间已换几番新。《汉书》下酒微伤雅，何似擎杯听《说文》。”启先生自注云：“昔年燕聚，每推颖老讲《说文》数字，四座举杯听之。今惟不佞一人在矣。”

陶大镛在重庆中央大学经济系念书，大二即能通读英文版《资本论》，西洋经济史考试用中英文同时答卷，深获教务长童冠贤教授器重。但陶思想左倾，在学生中组织“中苏问题研究会”。校长罗家伦欲开除陶，幸得童先生力保，陶才得以继续学习，完成学业。陶大镛后来到北师大做教授，成为中国大陆高校“世界经济”学科的主要奠基人。

有一次，黄侃去刘师培家，见刘正与一位北大学生对话，而对学生提出的问题多半却支支吾吾。学生离去后，黄便问刘为什么不认真回答问题。刘说，“他不是可教的学生。”随后刘便感叹起“四世传经，不意及身而斩”。黄说：“你想收什么样的学生呢?”刘抚摸着黄的肩膀说：“像你这样的足矣!”黄并不以此为戏言，第二天果然正式去拜师，登门受业。当时许多人都很奇怪，黄比刘年龄只小一年零三个月，二人在学界也是齐名的，甚至不少人认为在小学上黄甚于刘。但黄侃却常说他受益于刘先生颇多。

黄侃固狂傲，但在学术上十分虚心。黄侃在东北大学任教，某日某夜回京城，下了火车，不回家，却让儿子提着灯笼连夜赶到陆宗达家，陆以为他有何要事，心里不免紧张，他却十分兴奋地对陆说："我在东北见到了曾运乾先生，与他深谈两夜。他考定的古声……很正确。我的十九纽说应当吸收这一点。"黄与陆深谈到夜半方归。当时黄侃的"古韵二十八部古声十九纽"已名扬天下，而虚怀如此。陆宗达后来说，黄侃当时的兴奋之状，仿佛就像是他自己发现的那样。

陆宗达通过吴承仕先生认识了国学大师黄侃。听了黄侃几次课后，陆深为他的学问及治学方法所倾倒，当即去他家拜师。某日，陆午后三时去拜访，黄侃犹高卧未起。陆便在东廊下站立等候。谁想黄侃一觉睡到将近六时，那时天色已昏，陆仍未离去，黄侃大为感动。从此师生关系更加亲密。

据说西南联大时，逻辑学家沈有鼎喜欢听同行的课，细听不说，还总提些难答的问题。王宪钧不以为意，"无所谓"；胡世华就"很反感"；陈康则有一回忍不住了，那天陈讲希腊哲学，他指着教室门对沈说："请你出去，我们是混饭吃的。"

何心冷、杨历樵是天津《大公报》的"硬里子"，资历深，业务精，但对后辈从不倚老卖老。胡政之委派尚在北师大国文系读书而在《大公报》半工半读的徐铸成赴沈阳采访华北运动会，又派何心冷协助徐前往采访。何处处尊重徐这位初出茅庐的年轻同事的意见，甘当"配角"。杨历樵亦和何心冷一样，工余以读书为乐，对新同事从不摆老资格，从无疾言厉色，同事们都尊称杨为“老令公”。徐铸成亦将杨比作“鲍叔牙”。

宋史名家邓广铭和他的学生张希清合作整理司马光《涑水记闻》，书由中华书局列入“唐宋史料笔记”于1989年9月出版。在该书的点校说明中，邓广铭明确说：《涑水记闻》由张希清校勘，书末所附的《温公琐语》由张希清辑校，全书的标题拟制、次第编序、人名索引也“一律由张希清同志”作的，绝不掩人之功，掠人之美。

北京师范大学校园深处坐落着一群小红楼，里面大半居住着声名显赫的学术大家。史学名家白寿彝坚持不住小红楼，却愿意居住在工字楼的一套极平常的居室里。白先生说：“这儿离学生近些，可以更多地听到年轻人的声音。”

董每戡被打成右派后，遣送到长沙，全家数口人“生活费”总共50元。董在极端困难的条件下坚持写作，无钱买稿纸，只好把朋友寄的信翻过来，或用别人的废纸当稿纸用。此时，也被打成“右派”的顾学颉得知后，就想办法搞了点稿纸给董寄去，但邮局不准寄空白纸，顾就拆开一些不用的旧书刊，把空白稿纸夹杂在一起，“鱼目混珠”，骗过邮局，终于寄到董的手上。

程千帆晚年指导的博士生蒋寅呈译著，书上题“程先生雅正，学生蒋寅敬赠”。程告诉蒋：像这样的关系应称“千帆先生”，或者“千帆吾师”，“雅正”是同辈之间的客气说法，前后辈应用“教正”或“诲正”。一些老传统不可不知。

台湾大学理学院于景让教授，专攻植物学，曾兼任台大图书馆长，酷爱图书。某日，于对一教授道：“某某先生今日一同去逛旧书店，他竟买了一本令你惊异、俗不可耐的旧书，实在有失教授身份。这种人怎配当台大教授?”竟从此愤而不与某教授交谈，视若路人。

台湾大学医学院叶曙、宋瑞楼教授是彼此皆能互相尊敬的至交好友，可是在学术讨论会，尤其是临床病理讨论会的时候，各抒己见，丝毫不让，外人看来就好像在吵架似的。叶曙教授说：台大临床病理讨论会，老一辈的讨论人与主持人都能对事不对人，虽然争论起来，坚持不让。等到真相大白时，同声一句“原来如此”，争得面红耳赤的讨论人，哈哈一阵笑声，大家反而倍加亲热，拉拉手，拍拍肩，步出会场。

20 世纪 80—90 年代，当局拨款九十余亿而建的台湾大学医学院医学中心完工，拥有一千五百张病床的医学中心，除病床以外，那么多的空间，应该怎么分配才合理?有人提出按照各科现在占有的空间之比例去分配。宋瑞楼先生则既不为整个内科，亦不为自己的胃肠科争地盘，而力主保留百分之二十的空间，以应将来发展之需要。他认为急待发展而且最需要地方的是放射线科、核子医学和磁共振迟早总得建立起来，到时候若无安置地方，难道还想再去向政府要钱？

1958年，邓白单枪匹马在浙江美院创办工艺系，培养出一支较强的工艺美术教育师资队伍。教师尊称邓白为“老母鸡”，意谓邓先生像一只老母鸡那样，把工艺系师资，一个一个生育、孵化出来了。

曾任《人民日报》副总编的林淡秋，于1958年调到杭州大学当副校长。他知道陈学昭被划右派后，调到杭州大学图书馆工作，就坐了小车去看陈。到了陈的住处，林不下车，拼命地按喇叭，用意是让邻居知道，有人坐了小车来看陈学昭。当时小车是很稀罕的，邻居们对陈的歧视因而减少了许多。

20世纪50年代初，聂石樵从北师大中文系毕业留校做助教，薪水低，刘盼遂先生为聂石樵筹备了一部分基本的必需的书籍，如图书集成局校印的《二十四史》，商务印书馆藏版的《资治通鉴》《十三经注疏》、段氏《说文解字注》《昭明文选》《全唐诗》等。平时刘盼遂先生逛书店，看到合适的书，有时告诉聂石樵在什么地方，有时就直接替聂石樵买来。

余英时感恩杨联陞对他的熏陶。余英时说：“我到美国后，中国史的业师是哈佛大学的杨联陞先生。杨先生既渊博又谨严，我每立一说，杨先生必能从四面八方来攻我的隙漏，使我受益无穷。因此我逐渐养成了不敢妄语的习惯，偶有论述，自己一定尽可能地先挑毛病。”

余英时尝言，现代中国史家，钱穆规模宏大，陈寅恪辨析入微，陈垣平实稳健，吕思勉有计划而持之以恒。严耕望治史，虽较近于陈垣与吕思勉，而稍远于陈寅恪和钱穆，然严耕望对于这四大史家的优点则能兼收并揽，终致通博与专精相反相成的境界。苏东坡云：“非才之难，所以自用者实难。”严耕望自用其才，现代中国史学界无人可与比。

北师大数学系教授白尚恕先生，中算史知名学者。20 世纪 80 年代初，白尚恕先生带数学史研究生时，他的《〈九章算术〉注释》尚未出版。为便于学生研读中算史，他将这部书稿给学生阅读。学生阅读中对这部书稿的一处注释提出不同看法，而此时这部书稿已经出版。白先生鼓励学生把自己的看法写成文章，又仔细审阅，以为观点可以成立，遂将该生此文以快件寄送吴文俊主编《中国数学史论文集（一）》的几位审稿人，获审稿人一致认可。就这样，学生向导师的观点提意见的一篇习作被导师本人推荐发表在代表当时中算史研究最高水准的论文集中。

20 世纪 50 年代时，复旦贾植芳先生家里开销大。有一天，校长陈望道的夫人蔡葵对贾植芳先生说：“我们陈先生说，你贾先生手面大，这点工资怕不够开销，我们两人的工资花不完，请你帮我们花一些。”他们每月送给贾先生40元，这在当时是一笔不小的数目。贾先生后来说：“他如果说是资助，我是不会接受的。他叫我帮着他花钱，我当然只好收下了。”识者或曰：这可见望道先生如何善于体贴人心，而且也很富于幽默感。这种请人“帮助花钱”的事，是陈望道先生的老习惯了。早在30～40年代，陈望道先生就常资助穷学生。

20世纪50年代林风眠先生在北京帅府园中国美术家协会开个人画展，已经成名的李苦禅、李可染先生每天忙不迭地到会场去“值班服务”。晚辈们不明白这是什么道理。可染、苦禅两位先生高兴地介绍说：“我们是林风眠老师真正的学生！”

20世纪50年代初，留英回来的王竹溪（杨振宁在西南联大时的老师）到山东大学讲学。讲座途中，束星北走到台上说：“我有必要打断一下，因为我认为王先生的报告错误百出，他没有搞懂热力学的本质。”他捏起粉笔一边在王先生写满黑板的公式和概念上打叉，一边解释错在哪里。一口气讲了大约40分钟。王竹溪一直尴尬地站在一边。校领导为此找束星北谈话，束星北说：过去大学都是这么做的。

1956年国家评定教授级别，武汉大学起初只将中文系刘永济先生定为二级教授，已被评为一级教授的北京大学中文系的游国恩先生认为这很不公平，便向高教部反映："如果刘永济先生只评二级，那我只能评四级。"高教部接受了这一意见，刘永济被定为了一级教授。

钱穆先生晚年尝与严耕望评骘古今学术人物，钱先生的标准高，不轻易推许；严则比较迁就现实。一日，钱先生曰某君毫无成就，而颇有名气，轻易取得院士。严曰，此君其实天分颇高，根柢也不错，只是懒惰，所以眼高手低，不能有所成就，亦甚可惜！但他与人谈话，往往极能得体，有风趣，所以人际关系很好。先生如与相处，定不讨厌。钱先生笑笑。

民法学家、吉林大学陈国柱先生，"文革"结束后，自 1982 年起重拾民法学专业，主讲"外国民法"和"英美契约法"。陈先生的讲稿利用了丰富的日文民法文献和英文契约法文献，体系完整、信息量大、反映了民法的最新发展。那个时候，外国民法和英美契约法的中文著作稀缺，出版社愿意出版陈先生这两部讲稿。陈先生不为所动。弟子几次主动提出帮助陈先生整理出版《外国民法》和《英美契约法》，陈先生婉言谢绝。陈先生对弟子说：外国民法至少应当包括德国、法国、瑞士等国的民法资料，而他现在的讲稿所用文献基本上是日文的，介绍的内容也基本上是日本民法的，容补充上几个主要国家的文献后再出版不迟。陈先生还对弟子说：你们年轻，应当努力学习，打好基础，以便胜任未来的工作，不要为他浪费时间。

心理学家朱智教授被打成“右派”，但还可以继续在北师大教学，据说领导的说法是为了让青年学生更好地认识和批判资产阶级教育思想。于是课堂上朱先生先讲一段，然后学生批判；然后再请朱先生讲一段。朱先生幽默平和，同学们有表达不清楚或者表达不上来的地方，朱先生还在下面提示，朱先生还夸奖一位学生写的批判他的文章“文采不错”。

薛理银跟从北师大教授顾明远先生攻读比较教育博士学位。薛的学位论文探讨比较教育方法论，文中也评析了顾明远先生研究的不足。顾不以为忤，把论文收入了他主编的“比较教育文库”出版，还给写了序。

胡小石是金陵书坛的泰斗，他在授课时的板书，也十分讲究用笔、结构、布白，点划撇捺，遒劲高古，人称“一绝”。1961 年 5 月胡小石先生作校庆学术报告，示意要更换板书。有位同学上前帮忙擦黑板，突然台下响起一片“不要擦！”的喊声，一时间使那位学生手持黑板擦愣在台上，茫然不知所措。原来前来听讲的师生实在不忍擦去如此精妙的板书。胡小石先生见此情景，不禁莞尔。

顾准 20 世纪 50 年代中期进入中国科学院经济研究所，所里一位领导人在审干中被怀疑有什么“历史关节问题”，上面有意让顾准做副所长代理所长。这位将被取代的领导是顾准参加革命时的直接领导人。顾准觉得由自己来取代老领导的角色，不合中国人做人的准则，遂要求调离经济所。

历史学家邵循正先生性格较含蓄，平时不苟言笑，也不与学生发生人情往来。但在学业上在学问上，邵先生对朋友、对学生却是古道热肠。20 世纪 50 年代中期，邵先生赴莫斯科出席中蒙苏三国合编蒙古史的会议，他把国家发给出国人员有限的零用费买了书籍，此前蒙古史的重要史料——《史集》于 1952 年出版了新的俄文译注本第一卷 1、2 两册，这时书店只剩第 2 册，他一下子买了 5 本，除自己留用外，其余均回国时送了人。

历史学家邵循正先生以为研究生的学习不必像对中小学生那样督促和诱导，而刚出大学校门的学生专业上只有皮毛知识，所以质疑问难无从谈起。邵先生在学术研讨会上对自己的学生不说一句客气话，而是提出问题，以发起争论的口气而又面带微笑，这往往是邵先生认为可以将该学生视作平等的辩论的对象了，或者说，也是邵先生从另一个角度对该学生的一种肯定和鼓励。

刘节教授对人从不存个人恩怨，能包容学生。20 世纪 50 年代姜伯勤读大学时批判过刘节教授，但姜毕业时，刘节向系里提出让姜留校，说姜是“可造之材”。

刘节教授对人温文尔雅，对事则坚持原则。杨荣国教授从 20 世纪 50 年代起就批判刘节教授，但在私人关系上，刘节和杨荣国照样来往，而刘节认为自己正确的观点，则绝不敷衍。20世纪70年代初评法批儒，杨荣国俨然已成“红人”，刘节则成为了“反面教材”，他们见面，刘节依然对杨直言说：“不敢苟同”。

史学家顾诚先生的世界泾渭分明：对弟子要求极严，因为他视为传人，一丝不苟；可离开后，就成朋友了，便非常体贴和周到。严师与长者的统一，顾先生颇有古代士人的风范。他和没学术争议的人关系很好，对晚辈也很客气。

明清史学者商鸿逵教授，晚年在燕园寓所办周末清史专题讨论会，校内校外明清史专业中青年教师和研究生咸与研讨。后来商先生又自己出钱，请来满文教师，在寓所办起满文班，培养清史专业教师的“看家本领”。当时正播日本电视连续剧《姿三四郎》，剧中武馆叫“宏道馆”。商先生亦将家庭研究班比作“宏道馆”，亲笔书写条幅“与海内胜流相角逐”赠与助手。

萧乾尝在《北京晚报》撰文，将“美国胜利唱片公司”误写成“法国百代公司”。吴小如去信《北京晚报》，请代转萧乾并希望顺手更正。萧乾不愿文过饰非，郑重其事回信表示要公开发表吴小如信。吴小如亲登寓所劝萧收回成命，结果还是刊出，萧还在报端特表谢意。从此吴、萧成忘年之交。吴小如甫退休，时任中央文史馆馆长的萧乾就立即绍介吴为馆员。

钟敬文，北师大中文系一级教授，99高龄上去世。钟生前，每天清晨都要在北师大校园里散步。大多数时候，钟的散步路径是固定的，有时候心血来潮，也会改变行走路线——直奔博士生宿舍。民俗学专业的博士生们得知钟先生来了，纷纷从床上滚下，穿着睡衣迎接先生上楼。此后，他的弟子大多很早起床，不敢懈怠。钟常谓自己研究了一辈子的这门学问，是“所有学问的根源”。他常和学生说的话是：“哪种文化能离开民间？这是我们的‘根’与‘本’。”

史学名家、北京师范大学史学研究所教授白寿彝先生20世纪80—90年代说：“现在的教育思想有局限，不是发展年轻人的内在东西，让他放开眼光自己看问题，而是硬性规定你得修这个，修那个，通过很多方式来强迫学生学习，这是很折磨人的办法，会使学生失去兴趣。”

钱伟长先生八十高龄时还担任英文版《应用数学与力学》主编。20世纪90年代初，在一次办刊十周年座谈会上，钱伟长说了一些与编辑工作有关的话，他说自己吃过被退稿的亏，所以对稿件处理格外谨慎：“年纪大了晚上睡不着，半夜里爬起来看稿件。有些年轻人文字写得很潦草，我便帮着誊写，有些示意图粗制滥造，我就重新绘制，还把改后的稿件寄还给作者，让我倒贴了不少邮票呢！”说着这些，钱先生自己也觉得好玩，发出会心的微笑。

卷三　言语·趣味

姜亮夫20世纪20年代初中期在成都高师念书时，发现四川之地文风很盛，民间读《五经》《四书》很普通。在去峨眉山的路上，抬轿人前后对答往往用诗句，尤其是用唐诗。

柳翼谋尝受缪荃孙助而东游日本，他承颜习斋之旨，不喜董仲舒“正其谊不谋其利，明其道不计其功”之迂疏，甚喜“正其谊而谋其利，明其道而计其功”之句。

刘半农作词、赵元任作曲的《教我如何不想他》在青年中很流行。刘半农被派去做女师大校长，学生看见刘半农穿了一件中国蓝棉袍子，是一个很土的土老头，就跟女师大教师杨步伟（赵元任的夫人）起哄说这首歌不像是这个人写的。后来刘半农知道了，他就又写了一首词：“教我如何不想他，请来共饮一杯茶。原来如此一老叟，教我如何再想他？”

文史学家高步瀛最爱诙谐。1932年春夏间，北师大国文系几位教授在中央公园喝茶时，高步瀛给钱玄同背了一段用山东方言翻译的《论语·侍坐》：“‘点儿点儿你做啥？’ / 点儿正在弹琵琶，/ 当啷一声忙站起：/ ‘俺可不管他仨比。’ / ‘比不比，算个啥？/ 各人说各人的话。’ / ‘三月里，三月三，/ 新做一件大布衫，/ 也有大，也有小，/ 跑到河里洗个澡，/ 洗个澡，去乘凉。/ 回家唱口儿山坡羊。’ / 圣人听，心欢喜：/ ‘点儿点儿你可以。’ ”

胡适在 1930 年到北京大学之前，写有一条幅：“做学问要在不疑处有疑；待人要在有疑处不疑。”

黎锦熙说：钱玄同“有时说话过分，须知他是愤激之谈，等到发作过了，他仍返于至情至理，中庸得很”。周作人也说：“玄同的文章与言论，平常看去似乎颇是偏激，其实他是平正通达不过的人”。

20 世纪 30 年代，林宰平先生一次对熊十力讲：你老熊以师道自居。熊十力说：我有所得嘛，为什么不居？

有一次，家里人把吴文藻从书房里叫出来赏花，他站在丁香树前目光茫然又像应酬似地问：“这是什么花？”冰心忍笑回答：“香丁。”他点点头说：“呵，香丁。”众人大笑。还有一次，他上街去给孩子买一种叫“萨其马”的食品，孩子平常不会说“萨其马”，只会说“马”，他到点心铺子里就说：“买马。”冰心让他买一件双丝葛的夹袍面子，他到布店里弄不清，要买一丈多的羽毛纱。幸好这爿店跟冰心家熟，就打电话来问，弄得大家笑倒，冰心说："他真是个傻姑爷。"抗战时期，清华大学梅贻琦校长来冰心家度周末，因为吴文藻出于清华，冰心就写了一首宝塔诗给梅校长：

马
香丁
羽毛纱
样样都差
傻姑爷到家
说来真是笑话
教育原来在清华

梅校长提笔续道：

冰心女士眼力不佳
书呆子怎配得交际花

龚道耕，字向农，近世川中著名学者，长于经学，亦精于美食。家厨姓袁，龚先生尊称之为袁大师。所做菜清雅宜人，绝无辣味。龚先生每食，佐饮黄酒，说这才调和，饮白酒就破坏了清雅的气氛。

烤肉宛，北京宣武门内清真饭庄，河北大厂宛氏人家所创，迄今300多年。民国年间，《实报》记者拉画家齐白石去品尝烤肉宛的烤牛肉，白石疑嚼不动，去了一吃，居然鲜嫩可口，大喜，饭后提笔为烤肉宛写了一个钟鼎文的“烤”字，下面并缀一行跋：“钟鼎本无此烤字，此是齐璜杜撰。”店家把这个字装裱起来，挂在店堂之内。

20世纪20—30年代，北平中山公园辟有茶座，为社会名流茗谈雅集之处。马叙伦常光顾那里的川黔馆长美轩，觉得长美轩菜烧得好，汤则不甚佳，遂将自己所创的“三白汤”制作方法告诉厨师。长美轩仿制后命名为“马先生汤”，味极鲜美，食者甚众，以后便成为长美轩的名肴。所谓“三白”，即白菜、笋、豆腐，三种原料均为白色，故名。原料虽简单，做法却复杂，不但主料得选上好的，还要加配料20多种。马叙伦《石屋余沈》云：“……此汤制汁之物无虑二十，且可因时物增减，惟雪里蕻为要品……。”

胡适应邀到某大学演讲。他引用孔子、孟子、孙中山的话，在黑板上写：“孔说”“孟说”“孙说”。最后，他发表自己意见时，引得哄堂大笑。原来他写的是“胡说”。

画家张大千好游山水，遍尝各地美食，亦善烹治。大千自谓烹调技艺在画艺之上，又尝言：“读了一辈子孔圣人的书，就只两句做得到，那就是‘食不厌精，脍不厌细’。”大千生性好客，徐悲鸿为《张大千画集》写的序里说：“大千蜀人也，能治蜀味，兴酣高谈，往往入厨作羹饷客。”老画家谢稚柳也回忆说张大千“每每亲入厨房弄菜奉客”。

北平的常三小馆有一种饼叫“许饼”，脍炙人口，是许地山从印度学来传授给“常三”的，故又名“印度饼”，为该馆食单上的保留节目。王世襄当年送给“常三”两副对联，其中一联云：“葱屑灿黄金，西土传来称许饼；槐阴淙绿玉，东门相对是常家。”雅好美食的名学者周绍良先生介绍这个饼的做法是：先炒鸡蛋，用铲铲碎，放在一旁备用。另起油锅炒葱头末，煸后加咖喱，盛出备用。再起油锅炒猪肉末，七成瘦，三成肥，变色后加入炒好的鸡蛋及葱头末，加食盐和白糖少许。因不用酱油，色泽金黄，故曰“葱屑灿黄金”。以此作馅，擀面包成长方形的饼，近似褡裢火烧而较宽，上铛烙熟。烙时须两面刷油。周先生又说这其实是一种变相的咖喱饺。

20世纪20年代，南京清真马祥兴菜馆开业，东南大学教授胡翔冬（外号“胡三怪”）、胡小石常去光顾，菜馆特为这二位胡姓教授做了适应他们口味的用鸡肝、虾仁等鲜嫩配料调制的豆腐。这豆腐烧得很鲜嫩，两教授非常满意，因此马祥兴的豆腐就在东南大学传开了，教授、学生跟着成群结队而来，“胡先生豆腐”成了马祥兴早期的名菜。

近世名中医、教育家施今墨，号称京城四大名医之一，嗜食蟹，据说他每年深秋必南下南京和苏州大啖螃蟹。施食螃蟹，不用姜醋，也不执酒壶，仅蘸点儿酱油便食用。施还将各地出产的螃蟹，分为湖蟹、江蟹、河蟹、溪蟹、沟蟹及海蟹六等。每等还分为两级，如湖蟹以阳澄湖、嘉兴湖为一级，邵伯湖、高邮湖为二级；江蟹以芜湖一级，九江二级。施又戏将螃蟹因“出身”不同，冠以官场名称：一等湖蟹为特任官，二等为简任官，三等荐任官，四等委任官……等而下之便是芝麻绿豆官。

南京秦淮河畔的六华春，以正宗京苏帮烹调技艺而闻名遐迩，松子熏肉、芙蓉虾球、清炖鸡脯、炖菜核誉称“四大名菜”。国学大师、东南大学教授胡小石，常喜欢邀请有才华的学生去六华春下馆子，且在酒酣饭饱时，将平生学问一一传授给得意门生。

化学家张子高业余收藏古墨，藏品近千方，其中不少是明清墨中至宝，还写过考证古墨的文章。

钱锺书先生反讽说：“假道学比真道学更难能可贵。自己有道德而来教训他人，那有什么稀奇？没有道德而能以道德教训人，这才见真本领。”

有一次，张岱年问熊十力：万物一体很难体会，应如何理解？熊回答说：万物一体是一句老实话，如果达到那个境界，就自然懂得；如果没有达到那个境界，说也说不明白。哑子吃黄连，有苦说不出。要有那个境界才能理解。

陈梦家授课，“姿态十足”。陈深度近视，戴着厚如瓶底的眼镜，不修边幅，不过“学问和口才都颇出众”。每讲《论语》，诵到“暮春者，春服既成，冠者五六人，童子六七人，浴于沂，风乎舞雩，咏而归”时，陈便挥动双臂，长袍宽袖，飘飘欲仙。有学生问他：“孔门弟子七十二贤人，有几人结了婚？几人没结婚？”陈梦家信口作答：“冠者五六人，五六得三十，故三十个贤人结了婚；童子六七人，六七得四十二,四十二个没结婚，三十加四十二，正好七十二贤人。”此番对答，一时传为佳话。（维强按：更早时候，即有人说过这话。北齐优人石动筒问国学博士：“孔夫子的门下有七十二贤人，有几个是大人，有几个还没成年？”博士说：“书上没有。”石动筒说：“怎么没有？已冠者三十人，未冠者四十二人。”博士问：“何以见得？”石动筒说：“《论语》里明明说，‘冠者五六人’，五六得三十，‘童子六七人’，六七四十二，加起来是七十二。”这个“优语”在《太平广记》第247卷有载录。陈梦家或许早已看过或听说过这个“优语”。）

李劼人曾以作家、教授身份而自开饭馆“小雅”，夫妻下厨，烧出精致美食，简直和他的小说齐名。复旦历史学系已故教授唐振常曾有言：食有三品，“上品会吃，中品好吃（好读去声），下品能吃”。李劼人庶几可入“上品”。

潘光旦治优生学、民族学，译注霭理士《性心理学》，举以中国古代典籍中相似事例为原著做注解，并有进一步论证，被推为潘的传世之作。潘性诙谐。抗战中，潘与历史学家雷海宗教授离开北平随校南下，两位夫人均未同行，而且很少写信。某日，潘与雷商量，如何使她们多写信。雷摇头说：“鞭长莫及。”潘听了大笑，慢慢道：“鞭字有语病！”又有一回，潘的朋友沈茀斋半夜有电报到，邮差误将“斋”字认作“齐”字，在门外大叫“屋里有沈茀齐吗？”吃早饭时，潘对沈说：“昨夜邮差大不敬，将尊兄的下半截割掉了。”同桌吃饭的人大笑不已，冯友兰更笑得喷饭。

抗战初期，清华大学南迁，一度滞留云南蒙自小城，校舍宽敞。闻一多教授住一木构楼房的楼上，日日在楼上读书注释古籍，被同仁戏称“何不下楼楼主”。

史学家钱穆《师友杂忆》中追忆西南联大的生活，记陈梦家、赵萝蕤夫妇云：“有同事陈梦家，先以新文学名……其夫人乃燕大有名校花，追逐有人，而独赏梦家长衫落拓有中国文学家气味。”

黎锦熙和钱玄同在北平筹建中国辞典编纂处。钱说黎平时很像一个“黄老之徒，清静无为，而办起事来，草章建制，头头是道，果然是申韩出于黄老！”

民国十三年，蔡元培重到德国，当时留德的傅斯年、罗伦等陪蔡同游波茨坦的无愁宫。在一个大理石雕成的伏尔泰像前，傅欣赏流连，因此落在了后头。蔡问傅在看什么，罗开玩笑说：孟真（傅斯年）在对伏尔泰深深一鞠躬，口中念念有词，我听他念的是什么，原来是李义山“词客有灵应识我，霸才无主始怜君”那两句诗。傅气得要上前来打罗。罗大笑向蔡侧边一闪，蔡也不禁失笑。于是傅的幽默跟着恢复了。

傅斯年一度非常热爱伏尔泰，但他长得像塞缪·约翰生，都是大胖子。罗家伦就说他是把伏尔泰的精华，装在约翰生的躯壳里。

20 世纪 30 年代，萨镇冰老先生送给冰心父亲一副对联：穷达尽为身外事，升沉不改故人情。

范文澜研究《文心雕龙》成就很高，被人们称为“范雕龙”。

1928 年，中央研究院历史语言研究所在广州成立，所长傅斯年为研究所里的《集刊》写的《发刊词》中说：“上穷碧落下黄泉，动手动脚找东西。”

潘伯鹰在书画家中有狂人之目，他曾于自家客厅张贴如此大字：“不读五千卷者不得入此室。”

钱玄同平时每因中年以上的人多固执而专制，便愤然道：“人到四十就该死，不死也该枪毙。”他有几个喜欢“幽默”的朋友，在钱40周岁（即1927年9月12日）就和钱开玩笑，说他已届该毙的年龄，打算在《语丝》周刊先发行一期《钱玄同先生成仁专号》，讣告、挽联、挽诗之类也预备了一些稿子，都是“幽默”的作品。但这个专号实际没有刊行，因为当时张作霖在北京自称大元帅，怕惹起误会。

赵元任在清华教书时，家里雇有一名厨师。赵夫人杨步伟与几位家有厨子的教授夫人商量，共请几个好厨子，租三间小屋，轮流托一位太太管，结果有说开正式馆子，有说要出股，等等。杨步伟就提议她先拿四百块钱来做，做得好则再扩充，做不好就算玩玩好了。她们遂在清华园大门外的小桥旁边开了小桥食社，门上对联云：“小桥流水三间屋，食社春风满座人。”开张时，大家都去帮忙，谁想一下子来了200多人，把菜吃得精光，又没在意收钱，两个月下来，400大洋的本钱全亏光了。赵元任夫人杨步伟自撰对子曰：“生意茂盛，本钱干尽。”

叶公超说：我认识的人里头，说话最慢最少的人，就是梅贻琦和赵太侔两个人。陈寅恪有一次对叶说：“假使一个政府的法令，可以和梅先生说话那样谨严，那样少，那个政府就是最理想的。”

1935年4月，中国哲学会在北平召开第一次全国性的学术讨论会。在一次讨论中，某先生发表哲学见解，为了举例，忽然指着金岳霖先生说：“像金岳霖先生，他不过是我的观念而已。”张申府就插话反对说：“金岳霖是物质实体，怎么是你的观念呢？”贺麟接着插话：“金岳霖是一个人，怎么是物质呢？”后来金先生站起来说：“听了某先生的发言，我是某先生的观念，感到自己好像不存在了；张申府先生说我是物质，我又感到自己还是存在的；贺麟先生锦上添花，说我不仅是物质，而且是一个人，我很感谢！”

清华校长梅贻琦说：“京剧舞台上的皇帝身穿黄袍，坐在当中，但真正有戏可演的，大都是那些文臣武将。皇帝往往没什么表演。我就像是个皇帝。”

从 1911 年清华学堂开办时起，大约换了 10 余任校长，有的只做了几个月，有的还没上任就被抵制了。有人问梅贻琦：“怎么你做了这么些年？”他说：“大家倒这个，倒那个，就没有人愿意倒梅（霉）。”

20 世纪 20 年代末，杨振声任青岛大学校长，曾经邀请途经青岛的胡适前来讲演。不料轮船抵达后，因风浪太大无法靠岸，胡只好发一电报，电文曰：“宛在水中央。”杨接到电报后，亦回电曰：“盈盈一水间，脉脉不得语。”

有一回，吴稚晖和另一位国语学家王璞为了国音字母的事抬杠，各不相下。王璞气极了，拍桌大骂：“王八蛋！”吴慢慢站起来说：“鄙人并不姓王。”一堂大笑。

赵元任有一年在杭州游西湖，看见湖上有个木鱼店，进去想买几个小木鱼。就在这个木鱼上敲一敲，那个木鱼上打一打，不多几分钟，就选出来了十几个小木鱼，凑成一套音阶和谐可以演奏的乐器。卖木鱼的人听得睁大了眼睛，可是做了一笔好生意。

史学家张星烺早年留德学化学，后因病转治中西交通史。张星烺不到 40 岁，须发皆白，面孔又异于常人地红润。一次，张搭胶济火车，没得座位，张宗昌的兵看他那样的老，居然让座给他。陈垣喜拿这事向他开玩笑，说他鹤发童颜，张宗昌的大兵都被感动了。

台静农晚年在台湾著文忆 20 世纪 20 年代末北平诸文史老先生闲谈的风格：陈援庵深刻风趣；沈兼士爽朗激昂；马叔平从容不迫若有“齐气”；刘半农快人快马，口无遮拦；徐森玉气象冲和，喜说掌故；周养庵白皙疏髯，擅书画，“水竹村人时代”（维强按：指徐世昌做总统时）做过高官，是北京文化绅士。

1933 年 12 月 8 日，林语堂在上海某大学演讲时说：“人生在世，幼时认为什么都不懂，大学时以为什么都懂，毕业后才知道什么都不懂，中年又以为什么都懂，到晚年才觉悟一切都不懂。”

洪业在燕京讲历史，常说：掌握了五个 W，就掌握了历史。所谓五个 W，就是 WHO（何人）、WHEN（何时）、WHERE（何地）、WHAT（何事）、HOW（如何）。这原来是洪先生的老师美国教授的话。洪业的学生周一良说：应该增加一个更大的W——WHY（何故）。

陈寅恪自述："寅恪平生为不古不今之学，思想囿于咸丰、同治之世，议论近乎曾湘乡、张南皮之间。"

"九一八"事变前夕，山雨欲来，国事蜩螗。北京大学国文系教授黄节集宋人词句撰成楹贴送给陆宗达："海棠如醉，又是黄昏，更能消几番风雨；辽鹤归来，都无人管，最可惜一片江山。"

吴相湘尝云，毛子水先生高寿而健康，乃深知中国修养身心之道，也实行西洋人减轻压力（Pressure free）之道：不愁（No worry）、不赶（No hurry）、不怒（No angry）的三原则。

雷宝华，北洋大学毕业，在大学读矿学。雷尝撰对联："理直气和，义正词婉；境由心造，事在人为。"雷饮酒，又有语云："好酒，也是圆的，是和平的，是委婉的。"雷的寓所挂一横幅，上书"胸中常养一分春"。

杨树达，字遇夫，号积微翁。五岁识字，六岁从父受读。七岁时，一日偶思：取训义相同之字聚集为一编，岂不大佳乎？私蓄于怀，不敢宣诸口。及少长，读《尔雅》，乃知世间早有此书矣。

1946年11月24日，杨树达读吴其昌《金文历朔疏证》后，记之曰："吴君矜躁殊甚，读之令人不欢。陆放翁云：‘工夫深处却平夷’，真有味之言也。”

梁启超晚年专心学术。1921年左右，清华请梁作演讲，题目是“中国韵文里表现的情感”。那一天，梁穿肥大的长袍，走上讲台，打开讲稿，眼光向下面一扫，然后说：“启超没有什么学问——”眼睛向上一翻，轻轻点一下头：“可是也有一点喽！”梁记性好，随时引证许多作品，大部分都背诵得出。梁的讲演，到紧张处，便成为表演，手之舞足之蹈，有时掩面，有时顿足，有时狂笑，有时叹息。一场演讲下来，梁大汗淋漓。

叶公超在某校任教，邻居为一美国人家。其家顽童时常翻墙过来骚扰，叶不胜其烦，出面制止。顽童不听，反以恶言相向，于是双方大声诟谇，秽语尽出，其家长闻声出视，叶正大骂：I'll grown you with a pot of ghit！（我要把一桶粪浇在你的头上！）那位家长漫步走了过来，并无怒容，问道：“你这一句话是从哪里学来的？我好久没有听见过这样的话了。你使得我想起我的家乡。”叶公超说：学一种语言，一定要把整套的咒骂人的话学会，才算彻底。

俞平伯在清华教大一国文，讲课虽兼重章句训诂，而尤以批评与鉴赏为其精彩之处。讲到《诗经·七月》“春日迟迟”、《古诗十九首》“白杨何萧萧”，“迟迟”和“萧萧”可意会而难言传，俞只好再三地大叫：“简直没有办法！”学生哄堂。

潘光旦论学英语是否“够用”的标准：写作的时候是否能直接用英文想？写作时是否能有“三分随便”？潘所谓“随便”，即多少带点“游刃有余”的意思。

沈有鼎教授在清华教数理逻辑，由于内容艰深不易听懂，选课者极少，有一次沈笑着说：“对影成三人。”

大约光绪末年，在东京，有一天，章太炎在《民报》客厅里接见一位客人陈仲甫（即陈独秀）。客人一来，钱玄同、黄侃便转到隔壁房中。来客陈仲甫谈起清代汉学之发达，列举戴震、段玉裁、王念孙等，说多出于安徽、江苏两省。后来不知道怎么一转，陈仲甫说湖北没有出过什么大学者，主人也敷衍着：是呀，是呀，没出过什么人。黄侃突然在邻室大叫：“湖北固然没有学者，然而这不就是区区；安徽固然多有学者，然而这也未必就是足下。”

语言学家王了一谈“说话”，说：会说话的人不止一种：言之有物，实为心声，一声一咳，俱带感情，这是梁启超式；长江大河，源远莫寻，牛溲马勃，悉成黄金，这是吴稚晖式；科学逻辑，字字推敲，无懈可击，井井有条，这是胡适之式；嬉笑怒骂，旁若无人，庄谐杂出，四座皆春，这是钱玄同式；默然端坐，以逸待劳，片言偶发，快如霜刀，这是黄旭初式；期期艾艾，隐蕴词锋，似讷实辩，以守为攻，这是冯友兰式。

黄公度尝与梁启超言曾国藩，黄说：曾国藩“学问皆破碎陈腐，迂疏无用之学，于今日泰西之哲学，未梦见也。……所学皆儒术，而善处功名之际，乃专用黄老。……欧美之政体，英法之学术，其所以富强之由，曾未考求……曾文正者，事事皆不可师，而今后学，苟学其人，非特误国，且不得成名。”

成都“不醉无归小酒家”为姑姑筵黄晋龄所设，颇有佳肴，为老饕所称，名流宴饮，多假其地。抗战时，马寅初初到成都，酬应纷繁。一日，马应邀到不醉无归小酒家，约饮者多为故旧，马大啖炙脍，纵性快谈，而未至席终，即戴帽兴辞。或就询云：先生将何往？马说：将依约往饮于小酒家。问者疑之，反复询诘，则知马以“不醉无归”为一店，“小酒家”为另一店。所谓另有所约者，实则今日足践之地，无他主人也。众笑，马亦笑，重挂帽于壁，复就座次，尽醉而去。

报人张慧剑先后编《朝报》副刊、《新民报》副刊等，“所至有声”，人或誉之“副刊圣手”。张慧剑在南京编《朝报》副刊时，写过一篇《南京报坛点将》，把张恨水比作宋江，把张友鸾比作吴用，把张友鹤比作李应，把自己则比作鲁智深。

燕京大学建筑均为中式。南开大学哲学教授冯柳漪，一日往燕京访钱穆。冯告钱阅：燕大建筑皆仿中国宫殿式，楼角四面翘起，屋脊亦高耸，望之巍然，在世界建筑中，洵不失为一特色。然中国宫殿，其殿基必高峙地上，始为相称。今燕大诸建筑，殿基皆平铺地面，如人峨冠高冕，而两足只穿薄底鞋，不穿厚底靴，望之有失体统。钱穆叹以为行家之名言。

钱穆尝言：马一浮美风姿，长髯垂腹，健谈不倦。一浮衣冠整肃，望之俨然。而言谈间，则名士风流，有六朝人气息。十力则起居无尺度，言谈无绳检。一饮一膳，亦惟己所嗜以独进为快，同席感不适亦不顾。然言谈议论，则必以圣贤为归。就其成就论，一浮擅书法，能诗，十力绝不近此。十力晚年论儒，论六经，纵恣其意之所至。一浮视之，转为拘谨矣。但两人居西湖，相得甚深。殆以当年，两人内心同感寂寞，故若所语无不合。及在复性书院，相从讲学者逾百人，于是各抒己见，乃若所同不胜其所异，暌违终不能免。因念古人书院讲学，惟东林最为特殊，群龙无首，济济一堂。有其异，而益显其所同。惜乎一浮十力未能达此境界也。

北大52周年纪念会上，傅斯年在演说中说蒋梦麟先生学问不如蔡孑民先生，办事却比蔡先生高明。他自己的学问比不上胡适之先生，但他办事却比胡先生高明。最后他笑着批评蔡胡两位先生说："这两位先生办事，真不敢恭维。"他走下讲台，蒋梦麟笑着对他说："孟真你这话对极了。所以他们两位是北大的功臣，我们两个人不过是北大的功狗。"

刀鱼，又名鲚鱼。清明前后的刀鱼，李渔以为是

“春馔妙品”。江阴的去骨刀鱼煨面，汤浓面鲜，为客居台岛的钱穆老先生所不能忘怀。

语言学名家赵元任素来不喜做行政领导。一日与夫人游瑞士京城伯尔尼，站在桥上看见对面一排雪山，宛然一幅好山水画。赵大喜，说：风景这样好，要我来做瑞士的公使我也干！后回国游黄山，在屯溪旅馆看对面山和瑞士京城桥上看山水一样，赵又说：中国亦有这么好的风景，那瑞士的公使我就不想做了。

梅贻琦1931年清华就职演说中有一名言：“大学者，非谓有大楼之谓也，有大师之谓也。”曾昭奋60年后著《清华园随笔》，又续言：“大学者，非谓出大官之谓也。”

辜鸿铭在中国被当作怪人，但外国人很敬重他，丹麦著名文学评论家、《十九世纪文学主潮》的作者勃兰兑斯曾写过一篇长文介绍他，列夫·托尔斯泰还给他写过一封长信讨论忠恕等问题。当时有“到北京可以不看三大殿，不可不看辜鸿铭”的说法。

冯友兰民国七年在北大毕业的时候，全体师生照了一张相，陈独秀和梁漱溟正好坐在一起。梁漱溟态度恭谨，陈独秀则很豪放，他的一只脚一直横伸到梁的前面。照片洗出来以后，孙本文等学生给陈独秀送去一张。陈一看，说：“照得很好，只是梁先生的脚，伸出太远一点。”孙本文对陈说：“这是先生的脚。”

周作人回忆录里说：沈士远在北京大学预科教国文，讲解得十分仔细，讲义中有一篇《庄子》的《天下篇》，据说这篇文章一直要讲上一学期，这才完了，因此学生们送他一个别号便是“沈天下”。朱希祖公子朱偰教授回忆说：沈士远在北大预科教“国故概要”的周秦诸子，以《庄子·天下篇》为纲领，自开学那一天讲起，自秋徂冬，到散馆之日止，还没有把庄子的天下打下来，“沈天下”由此得名。

曹聚仁尝分学问家为蚂蚁、蜘蛛、蜜蜂三类，又分别以他的三位老师一一对应：蚂蚁劬勤，终生劳于搬运工作，譬如单不庵；蜘蛛吐丝布网，譬如刘延陵；蜜蜂酿蜜，譬如章太炎。

湖南长沙人易培基做过劳动大学校长、故宫博物院院长、南京国民政府农矿部长等。长沙人陈子展是易的弟子。一日，易大发议论，批评湖南人物，最后下了一句结论：“湖南没有一个好人。”语次，子展便接上了一句：“老师，这句话倒没有例外！”易氏听了，为之愕然，拂袖起而退入书房，子展乃大笑出门。

明末清初昆山学者顾炎武著《日知录》，卷十三《南北学者之病》条，引《论语》所记孔子的话，对当时南方学者和北方学者的学风这样评论：“‘饱食终日，无所用心，难矣哉’，今日北方之学者是也。‘群居终日，言不及义，好行小慧，难矣哉’，今日南方之学者是也。”近人鲁迅著文《北人与南人》说：“据我所见，北人的优点是厚重，南人的优点是机灵。但厚重之弊也愚，机灵之弊也狡。”

丁文江，母亲很早就教他识字，五岁入蒙馆读四书五经，先生“奇其资性过人，试以联语属对曰‘愿闻子志’”，丁文江应声而答“还我读书”。先生大击节，叹为宿慧。

珍珠港事变前，北平图书馆有数百部善本书运到华盛顿托美国国会图书馆代为保存。后者认为是件文化大事，所以当该批书籍在国会图书馆开箱时，美国国务院和该馆馆长特地敦请中国大使胡适，并派大员相陪同至书库。谁知这个“大使”是个“书迷”，一进书库，如入宝山，情不自禁地席地而坐，旁若无人地看起书来，把那些大员们冷落了个把钟头。最后“大使”才从书堆里提着上衣、笑嘻嘻地走了出来，和这批要员们大谈善本之经纬。

胡适出任美国大使时，芝加哥大学教授 Thomas Vernor Smith 当选为众议员。胡适因为与他有一饭之缘，就请他来中国大使馆晚餐。但这位众议员纱帽初戴，官场欠熟，时间将到，匆忙打的来赴宴。坐在车上，忽然想起，他还不知道主人的名字，于是他问司机，可司机哪里知道？好在跟大使吃饭也不用叫名字，满口阁下、大使就足够应付了，所以终席宾主尽欢。送客时，大使免不了“欢迎到敝国旅游”一类的套话。议员肯定地说：“中国我是一定要去的。我到贵国观光，第一个要去拜访的便是我的朋友胡适博士……大使先生，胡适博士现在在什么地方呢?”胡适闻言，笑颜大开，说：“他就站在你的面前!”两人乃相拥大笑。

二战以后，美国一位反战的史学家也是前哥伦比亚大学名教授的查理·毕尔写了一本名著《罗斯福总统与大战之序幕》。书中说：美日之战本来可以避免，而罗斯福总统为着维护美国资本家在亚洲的利益，不幸地上了那位颇为干练的中国大使胡适的圈套，才惹起日军偷袭珍珠港。胡适听了这故事大为高兴，忙让唐德刚将此书借来，在那段记述上划了一道道红线。唐德刚后来问胡适到底当年要了些什么圈套使罗斯福总统上钩，胡适想来想去也无法对唐德刚的问题作圆满的交代。

史学家唐德刚尝以徽商和犹太人作比，语出诙谐：犹太人颇有点像“我们”的“徽州人”，大犹太就是徽州盐商，小犹太就是徽州朝奉。同时由于久住大城市，教育上得风气之先，也就出了许多犹太朱熹、犹太戴震和犹太胡适来。

20世纪30年代中期，齐思和在燕京大学教授近代史、世界史，既能讲，又能写，表达力极强，极受学生欢迎，每授课，窗台上都挤满了听众，有“燕园梅兰芳”之称。

袁珂在华西大学中文系念书时，许寿裳先生正好在那里任中英庚款专聘教授，讲传记研究和小说史两门功课。其时许先生已是60多岁的老先生，可红颜白发，笑眯眯地，精神极佳。许先生常拄一根粗大的拐杖，行走起来，快步如风，袁珂说“好像漫画中打鸟的安特生”。

民国时期，气象学家竺可桢在浙江大学任校长。一次，举办联欢会，联欢会节目单上有“校长训话”。竺可桢一看，感到在联欢会上“训话”，实在不妙。于是，他在讲话时说：“同学们，‘训’字从言从川，是信口开河也。”大家听了，哄堂大笑。

1932年，陆侃如留学法国，在巴黎大学学习。三年后，他如期毕业。在陆侃如的博士论文答辩会上，主考官向他提出一个奇怪的问题：“孔雀东南飞，何不飞西北？”陆侃如应声回答：“西北有高楼！”

俞曲园先生居住杭州时，常以从河南学来的宋嫂鱼羹待客，置酒湖楼，习以为常。又由于中州鱼羹多用黄河金鲤，而江浙鲤鱼不及河鲤肥嫩，曲园先生改用西湖鲩鱼（即草鱼），兼取宋嫂鱼和德清人（曲园先生原籍浙江德清）烹鱼的方法，烧煮西湖醋鱼，受到宾客盛赞。俞曲园先生所著《春在堂全集》之二五六卷内有诗云：“宋嫂鱼羹好，城中客未尝，况谈溪与涧，何处白云乡。”诗后自注云：“西湖醋鱼相传宋嫂遗制，余湖楼每以供客，皆云未知有此味。”其后，市肆仿曲园先生之法烧制西湖醋鱼，遂成杭州一绝。

西南联大数学教授赵访熊结婚之日大雨，有客曰：“天公太不作美。”潘光旦先生妙语解颐：“既云且雨，天地交泰之象，是天公为新夫妇现身说法，大可贺也。”

黄侃父亲黄云鹄，清光绪二甲进士。黄侃天资高，乡里人呼黄侃为圣童，黄云鹄即作书诫之曰：“尔负圣童之誉，须时时策励自己，古人爱惜分阴，勿谓年少，转瞬即老矣。读经之外，或借诗文以治天趣，亦不可忽。”

陈虞孙主持《文汇报》，经常邀请各行专家来报社主讲，记者编辑听讲，计有：朱光潜讲美学，夏承焘讲词，荀慧生讲京戏，赵景深讲戏剧史，刘天韵讲评弹，等等。

语言学家王力讲课，有根有据，实实在在，一板一眼，清清楚楚，每到一个段落还说：“这是一段。”学生说：“这位先生笔记真好记，就差没把标点讲出来了！”

王利器书房内常年悬挂一副对联，字作张猛古体，上联曰：寿者相；下联是：佛子心。

物理学家杨振宁说：在每一个创作领域里，品味加上学力、性情和机缘，决定了风格的高低，也决定了贡献的大小。

生态学家、北京师范大学教授孙儒泳院士科研、教学繁忙，家务及孩子的培养教育等事全部交给夫人，人们仿“博士后”一词尊称孙夫人为“院士后”。

有一天，张岱年访问熊十力，熊正在那里叹气。张感到奇怪，就问：“熊先生为什么叹气呀？”熊答：“我担心今后人们都不会思想了。”

古文献学家、人民文学出版社高级编辑王利器，饱学之士，雅爱美食，精于厨艺。一日，所在编辑室领导赵某说他没吃过牛鞭，王利器遂约编辑室诸友齐至其家聚饮。王利器一早买来八条牛鞭，收拾干净，烹饪而出，众人举匙竞尝，风卷云涌，顷刻全尽，叹为佳妙。王利器甚得意，说：“我的手艺只拿出一点点，就是这样子。如果全给你们尝过我做的，你们会五体投地！”

20 世纪 50 年代，聂绀弩、周绍良同在人民文学出版社工作。一次两人在便宜坊吃烤鸭，鸭子是由食客在店里自选的，烤得红得发亮，又盛在木案里，师傅端出来问过食客如何片法后，即以娴熟的手艺在另一桌上片起来，所片鸭肉大小均匀，色如琥珀，薄如蝉翼，并将烤鸭的前胸、后背、鸭腿等部分的肉分装五个盘子。裹上面饼、大葱、心里美萝卜条，蘸上酱，聂吃得甚满意，以为比刚出炉的广东烤乳猪还美。20 多年后，聂从北大荒回到北京，住在西城。一日，聂约周至一有大名气的烤鸭店吃烤鸭。鸭子既没让他们挑选，也没见烤好的鸭拿来给他们看。端上来时，只是堆得高高的一大盘，分不清哪是胸肉、哪是腿肉。聂说“这鸭子未经验明正身。”鸭肉软奄奄的，不冷不热，也不脆。周说：“现在烤鸭用电炉，一炉十几只，谁还教你验明正身？今天的烤鸭是大众化的、普及的。”聂没说什么，喝起酒来，好久，才说：“烹调也是艺术，这几年艺术在退化……什么‘大众化’，什么‘普及’，全是在骗人，只有偷工减料是真的，骗那些没有吃过烤鸭的人。”

杨绛偶译一篇极短的散文，傅雷称赞杨，杨只当是照例敷衍，也照例谦逊一句。哪知傅雷佛然忍耐了一分钟，然后沉着脸发作道：“杨绛，你知道吗？我的称赞是不容易的。”

20世纪50年代初，郑振铎尝与唐弢言宋云彬，曰：“余最喜与云彬小饮清谈，彼风度潇洒，数十年如一日，不若一般自命前进者，一脸正经，满口教条，令人不可向迩也。”宋云彬，浙江海宁人，文史学者。

史学名家周予同、周谷城两先生各自专长中国史、世界史，解放后共同执教复旦大学，在史学界，人们称两位先生为上海的“东西周”。“东西周”均毕业于北京高等师范学校（北师大的前身），一起参加了“五四”运动。

童书业生活上糊涂、记性坏得出奇。他在山东大学历史系教书，一天晚上闯进学生宿舍，手指着自己的鼻子说：“我叫童书业，是历史系副主任，要回家，认不得路了，请谁送我回去。”于是，当时还是学生的孙达人恭恭敬敬地送他回府。但童书业在工作上记性好得出奇。华岗是山东大学校长，主讲社会发展史。华生病住院，学校请童负责传达。童每次听华讲时并不记详细的笔记，只用纸片记几条要点，而传达时却一字不漏，据说连华讲到什么地方咳一声他也咳一声。

“文革”中，红卫兵让语言学名家、北师大中文系教授陆宗达先生交待他的“资产阶级生活方式”。陆先生交待的其中一条是：20 世纪 20 年代末某年初春在北平小有天饭馆花五块大洋吃鸡油烩豌豆。那是初春时刚长出的豌豆荚，里边的豆子还未长成形，一咬一口浆，讲究吃那个鲜劲儿并用鸡油来烩，很名贵，要五块大洋一碟。红卫兵大怒，说陆先生不老实。陆先生问怎么不老实，红卫兵一拍桌子道：“你有五块大洋不吃红烧肉，吃青菜，你还老实吗？”

岭南画派大师黎雄才和启功先生是至交。1994 年 10 月，黎请启在他新作的山水泼墨画上题字。启老题字后，加盖自己的印章，印章盖倒了，当场有人提议重新加盖印章，启老略加思索，提笔写道：“小印盖倒，意为倾倒也。”

数学家、北师大陈木法教授的书桌上，显眼地放着一个齐备的工具盒，书房里一套音质颇佳的音响便是他的“作品”。陈说，这就是自己的休息。

大画家李可染有两颗印章，一曰："白发学童"；一曰："七十始知己无知"。

1952年，黄宾虹高龄89，住杭州栖霞岭。有一次，他的小孙子和另一个小孩，捉到一只螳螂，送到老人画室中。老人正作画，看到孩子们送小虫来，立即放下画笔，与孩子们玩起来。老人张开无牙的口，非常天真地微笑了。

语文学家李格非教授喜撰对联。某日，在成都参观一工艺作坊，根艺家以最不起眼的树根老藤雕刻嫁接为绝妙盆景。李应嘱撰题一联：天生我材必有用；世无朽木不可雕。

哲学家张岱年平时不苟言笑，安步徐行。有一次北大哲学系教师散了会，回家的路上大家边走边说。张忽然脱离众人，一个人蹑手蹑脚向一棵大树下走去。原来他发现一只刚脱壳的蝉，正向高处爬，张手到擒来，带回去给五岁的儿子玩。

北大哲学教授郑昕尝与学生言：冯友兰、张岱年二先生虽然都做中国哲学的研究，性格则有大不同，冯先生属智者型，张先生属仁者型。

王利器自重其名，自视颇高，有后学问王利器，您认为自己哪一部书最好？王利器不假思索地回答，我的每一部书都有我的贡献。

王元化评论杨树达回忆录时讲过："……回忆录中

偶或也流露出一些自负的口吻，但这绝不是毫无自知之明的轻薄妄语。他注疏经籍、考释文字，每当有所发现，往往难以隐藏像庖丁解牛后的那种踌躇满志之情，治学者都会理解这种创作激情迸发时刻所带来的喜悦。这种感情虽稚气却优美，像孩子般的天真无邪。”

后来跟从北师大启功先生读古文献学博士学位的刘石，当年报考四川大学中文系成善楷先生的硕士研究生，因刘答出了“湖上，闲望，雨潇潇，烟浦画桥路遥”是温庭筠的句子，成先生坚持向学校申请免予复试。

词学大家夏承焘《天风阁学词日记》中记有许多对钱锺书的看法。1947 年 1 月 27 日夏在日记中写道：“见钱锺书一散文集曰写在人生的边上，纯是聪明人口吻。往年在上海见其人数面，记性极强，好为议论，与冒孝鲁并称二俊。”1948 年 9 月 17 日夏在日记说：“阅钱锺书《谈艺录》，博览强记，殊堪爱佩。但疑其书乃积卡片而成，取证稠叠，无优游不迫之致。近人著书每多此病。”1953 年 9 月 8 日夏写道：“阅钱锺书《谈艺录》，其逞博处不可爱，其持平处甚动人。”1959 年 1 月 7 日夏在日记中写道：“午后看钱默存《宋诗选注》。近日报纸登批判此书文字数篇，予爱其诗评中材料多，此君信不易才。”

语言学名家赵元任内向幽默，他的神仙伴侣杨步伟则热情开朗。赵元任后来解释他们幸福婚姻的秘诀，说：重要的一点是夫妻双方在新婚之初就应达成以下共识：男人决定居家大事，女人负责琐碎小事。赵元任又解释道，他们共同生活了几十年，可是从来没有一件大事需要作决定。

晏阳初先生有感于中国的一班留美获博士学位的年轻学人，既无知于中华传统文化和中国社会，又对美国一知半解，且回国即任教大学“传道授业”，而无奈而忧患地慨叹：“无教胜于误教。”

傅斯年尝留学英德，在爱丁堡大学等研究实验心理，兼治数学，在柏林大学研究哲学，但他并不崇洋，常说有些留学生只空有文凭，毫无实学。一学起外国来，往往先学习其短处，学德国先学其粗犷、学法国先学其颓唐、学英国先学其架子、学美国先学其花钱、学日本先学其小气！

人讲人缘，字也讲缘，画大概也一样。张大千生日，台静农总画一小幅梅花送他，张大千很高兴，说：“你的梅花好啊。”最后一次的生日，台画了一幅繁枝，求简不得，多打了圈圈，张大千竟说：“这是冬心啊。”

古典文学专家王利器1987年赴香港讲学，在九龙一家书局的门市部王抽出三本自己的著作，拿到柜台上，兴高采烈向伙计自报家门，然后打听这几本书的销路。伙计说：“我只管卖书，不管什么王利器。你既不是来买书，我就只好将书收起来了。”

教育家陈友松先生晚年尝撰两联，一联曰“外为中用”，一联曰“古为今用”。

“外为今用”上联：苏格拉底 杜威 洛克 桑代克 赫巴特 康南特 合理取内核；下联：夸美纽斯 卢梭 皮奈 斯宾塞 凯洛夫 赞可夫 辩证为中用。

“古为今用”上联：孔曰学习 博文约礼 周游列国 寻师问老 因材善诱 过勿惮改 爱众成仁 毋厌毋倦毋愠 铎者宛在；下联：孟乐教育 专心尚志 私淑诸人 称尧道舜 知言好辩 书不尽信 贵民取义 不淫不屈不移 浩气凛然。

港台出版社大肆翻印王利器著作，事前既未征得王先生同意，却敢公然以“版权所有，翻印必究”相标示。王见之，不怒不争，只说一句：“这真可以为《书林清话》增添一则新内容矣。”

《人民日报》总编辑范敬宜一次在小饭店里吃饭，见墙上贴着一篇《红烧肉赋》，感觉有趣，便放下筷子，从头至尾抄下来。服务员大奇，以为这文中有什么毛病。

卷四 风度·人生

林琴南最怕人骂。陈衍对林说："夫谤满天下，名亦随之，君何畏焉？"

叶圣陶年青时，某次饮酒，主人强圣陶喝酒，圣陶恶之，再四拒绝。王伯祥从旁劝解，谓圣陶固不善饮，请勿强。圣陶正色曰：否否，余固善饮，独今夕不饮耳。

高步瀛留学日本，归国后，曾任教育部社会教育司司长。民国十六年（1927年），张作霖在北京组织军政府，自称大元帅，先生不屑为伍，遂辞司长职，专任国立北京师范大学教授。高步瀛身材高大魁伟，平时穿一身灰布长褂，严冬时，穿着肥大的棉布袍，外加一件棉背心，上衣扣上挂一个眼镜盒，戴一副黑边眼镜，嘴边有些短白胡须，满脸慈祥微笑中，显现严肃博学、朴实敦厚的北方学者的庄严相。讲课时，微有些口吃，不善于言辞；但讲课非常出力认真，选听他的课的学生总是满堂满座，其中还有不少北大等的外校学生。尤其他所讲各课的讲义外校来旁听的学生都事先向注册组登记预订，十分珍贵。

史学家陈垣写信都用花笺纸，一笔似米芾又似董其昌的小行书，永远那么匀称，绝不潦草。藏书上的眉批和学生作业上的批语字迹是一样的。黑板上的字，也是那样。板书每行四五字，绝不写到黑板下框处，怕后边坐的学生看不见。

马幼渔任北大国文系主任，他家的某一个年轻人报考北大，有一次，不知是有意还是无意，在马先生面前自言自语地说："不知道今年国文会出哪类题。"马大怒，骂道："你是混蛋！想叫我告诉你考题吗？"

20世纪30年代中期，邓广铭在北大历史系读四年级，帮助历史系教授毛子水为天津《益世报》编《读书周刊》。当时北大教授周作人讲演、由邓广铭笔记的《中国新文学源流》出版，在北大图书馆任职员的金克木有不同看法。邓广铭对金克木说："你写，我就发，只看你怎么写。"金就写了《为载道辩》，将近万言，交给邓。话虽说得婉转，对周仍是有点不敬，金以为不会发表。可是全文在《读书周刊》登出来了，一字未改，占了整整一期。

20世纪30年代前期闻一多任教于清华中文系，有一次讲《楚辞》时，是初夏的黄昏，7点钟，电灯已经亮了，他高梳浓厚黑发，架银边眼镜，穿黑色长衫，抱着数年来钻研所得的大叠大叠的手抄稿本，像一位道士一样昂然走进教室。学生们乱七八糟地起立致敬，坐下，他也坐下了。但是没有即刻开讲，而是慢条斯理地掏出纸烟盒，打开，对着学生露出洁白的牙齿作蔼然的一笑，问道："哪位吸？"学生们笑了，自然并没有谁接受这 gentleman（绅士）风味的礼让，于是他自己擦火柴点上一支，一阵烟雾在电灯下更加重了道士般神秘的面容。然后，像念"坐场诗"一样，他搭着极其迂缓的腔调，念道："痛——饮——酒——熟——读——离——骚——方得为真——名——士！"这样地，他便开讲起来。他像中国的许多旧名士一般，在夜间讲课比在上午讲要精彩得多，这也就是他为什么不惮烦向注册课交涉把上午的课移到黄昏以后的理由。有时，讲到兴致盎然时，他会把时间延长下去，直到"月出皎兮"，这才在"霏霏凉露沾衣"中回到他的新南院住宅。

1927 年，陆宗达随国学大师黄侃去沈阳东北大学，黄侃对陆说："我要坚守自己的主张，我是不能写白话文的。但你要写好白话文啊，将来是人人都得用白话文写作的。"

一次，鲁迅请客，从福建菜馆叫的菜，其中有一碗鱼丸，鲁迅之子海婴一吃就喊不新鲜，许广平不相信，别的人也不相信。许广平又给海婴一个，孩子一吃又嚷嚷不新鲜，大家都没有再去理他，鲁迅把海婴盘子里的丸子拿来尝了尝，果然是不新鲜。鲁迅说："他说不新鲜，一定有他的道理，不加以查看就抹煞是不对的。”

1930年，邓广铭在辅仁大学念英语系一年级，沈兼士请周作人去该校演讲，邓广铭也跑去听，边听边记录。到周作人六次讲座结束后，邓广铭把记录稿拿去给周作人看，周校改一遍，便交出版社出版，这就是《中国新文学的源流》一书。周作人在辅仁演讲，事先既没讲义，也无提纲，周说邓的记录稿不但绝少错误，还条理分明。书出版后，周作人把稿费700元全部送给邓广铭，邓用这笔钱买了一套线装的百衲本二十四史。

1944年，何兹全的堂兄何思源任山东省政府主席，要何兹全回山东作官。何兹全婉言拒绝，继续做他的历史研究。

清华校长梅贻琦对学生说：“由于各人的机遇、环境和人生观不同，看起来好像成就差别很大，其实向远一点看，并没有什么差别。赤子之心必须保留，凡是能做的和应当做的，好好去做就行了！”

一位西南联大的学生曾回忆说，中文系主任罗常培先生曾说，杨振声先生讲小说必称沈从文，讲戏剧必称丁西林。但联大国文课本中没有选沈从文的小说。据说，当年讨论篇目时，规定过一个原则，凡是本校同仁的作品，一律不予入选，这样就连朱自清先生的散文名篇《背影》也没有机会在国文课本中露面了。

抗战结束后，梁实秋、李长之同在北师大执教，住同一院。一日，长之太太买菜归来把菜筐往桌上一抛，其中的豆芽白菜等等正抛在长之的稿纸上面，湿污淋漓，一塌糊涂。伏案为文的长之大怒，遂启争端。梁实秋语长之：太太冒暑热买菜是辛苦事，你若陪她上菜市，回来一同洗弄菜蔬，便是人生难得的快乐事。作学问要专心致志，夫妻间也需一分体贴。长之默然，但其后不复有勃豀之声。

傅斯年当台湾大学校长时，常和路旁摆棋摊的下棋，蹲在地上一下几盘。有人劝傅何必和他们争胜负，傅说："明知我无法赢他，但我要明了他们的棋谱究竟是怎样的变化。"

傅斯年在国民参政会里，为中医问题反对孔庚的议案。孔辩不过傅，气得在座位上大骂傅，说了很多粗话。傅也气了，说："你侮辱我，会散之后我和你决斗。"会散后，傅在会场门口拦住孔庚打算决斗。他一见孔已七十几岁，身体非常瘦弱，立刻把双手垂下来，说："你这样老，这样瘦，不和你斗了，让你骂了吧。"

高名凯请林宰平题一个字卷，林说："字说是白香山写的，当然是伪品，我不能题。我做什么事都要负责。"

朱家骅任中央研究院院长，打算成立民族学研究所，他托当时史语所所长傅斯年出面请李方桂任所长，李坚辞不就，傅一再催促，李最后不耐烦，说："我认为，研究人员是一等人才，教学人员是二等人才，当所长做官的是三等人才。”傅听后躬身作了一个长揖，退出说：“谢谢先生，我是三等人才。”

马钰曾为北大校花。当时还有一周姓同学年轻貌美，一部分男同学想拥戴她为校花，取代马钰的地位，于是有一天黑板上出现了“倒马拥周”四个粉笔字。正好那一堂课是马钰的父亲马裕藻上。他一进教室看见这四个大字，以为同学们要倒他的中文系主任职务，拥护周作人来当系主任，于是他放下讲义，一面看着黑板上的四个大字，一面盛赞周作人的道德学识，表示自己也非常钦佩。听课的学生只能相视而笑。

吴景超在清华念书时，循规蹈矩，刻苦用功，后来在南京政府经济部任职，所用邮票分置两纸盒，一供公事，一供私函，决不混淆。

梁实秋在清华念书时的同学张心一，抗日战争时担任银行总稽核，他外出查账，一向不受招待，某地分行为他设盛筵，他闻声逃匿，到小摊上果腹而归。

钱玄同的太太于民国十三年就大病，一直未复元。有些朋友劝钱先生纳妾，因为那时法律上并无明文禁止。钱先生拒绝说：“《新青年》主张一夫一妻，岂有自己打自己嘴巴之理？”

1929 年冬某日，黄侃邀同在中央大学任课的陈伯弢、王伯沆、胡翔冬、胡小石、汪辟疆、王晓湘诸先生登南京鸡鸣寺豁蒙楼游赏。豁蒙楼为张之洞都督两江时纪念杨锐所建，楼取名杜甫诗“忧来豁蒙蔽”。诸位先生游赏之余，兴之所至，因作联句。陈伯弢不擅词章，联句于律不合。胡翔冬听了便不高兴，说：“真不像话！”陈难堪甚，黄侃宽厚地替陈解围，谓：“联句本为遣兴，就不要太严格了吧。”于是大家也就一笑释之。

黄侃虽鄙薄刘师培的为人，然重其四世传经，自以为不如。袁世凯死后，刘师培穷处北京，黄侃建议蔡元培聘刘任北京大学教授，蔡因刘曾党附袁氏，以为不可。黄曰：“学校聘其讲学，非聘其论政，何嫌何疑，而不予聘？”于是刘终受聘北大。一说是陈独秀向蔡元培推荐的刘师培。

抗战军兴，大学内迁，中央大学的一些老教授也随之入川。胡翔冬先生成都白丝街住的院子里，有一棵橘子树，上面只结了一个橘子，胡就请来一个漆匠，把橘子漆成黑色的。

台静农性豪爽，每出言令人倾倒。好吃酒，不吃蔬菜，谓吃蔬菜如吃草。台静农主持台湾大学中文系二十年，无为而治，人才辈出。

蔡元培做北京大学校长，有一天，一位北大毕业生去见蔡先生，不知为了甚么大吵大闹后才离去。第二天他拿着一张求职表格，又去见蔡先生，他申请工作，要蔡先生写封推荐书。蔡先生看看他所填的表格，马上就写推荐书给他。过后，傅斯年去问蔡先生："昨天他才跟校长大吵大闹，为何今天又肯为他写推荐书?"蔡先生说："我看他所申请的工作，他能胜任。"

萧公权20世纪20年代留学美国，某星期天在住宅区街上散步，遇一个大约四五岁活泼清秀的男孩。萧招呼他，他礼貌地与萧谈话。萧送他一个小银币去买糖吃，这个男孩说："谢谢你，先生。但我不曾为你作任何事，我不能接受你的银钱。"萧后来说：这位小朋友的话可以算作"美国精神"的一种说明。

傅斯年掌台湾大学，主持校务会议，开得有声有色，大家都勇于发言，辩论的时候亦非常热烈，往往争得面红耳赤，但因对事不对人，却也不伤感情。

在燕京大学，洪业先生经常西服革履，一手执手杖，一手端烟斗，完全西方绅士派头；邓之诚先生则是灰布长袍，头戴红顶瓜皮小帽，不仅永远穿布鞋，而且永远扎起裤腿。两位先生看上去如此不同，却交情甚深，且和衷共济，各擅其胜，把历史系办得很有生气。

赵太侔，留美读西洋文学，寡言笑。有一次，赵太侔到上海看梁实秋，进门一言不发，只是低头吸烟，梁也耐着性子不发一言，两人几乎抽完一包烟，赵才起身而去，饶有六朝人风度。

民国二十二年春，胡适由沪赴平，道出青岛，青岛大学请胡作演讲。胡的讲题是"山东在中国文化里的地位”，对于齐鲁文化的变迁、儒道思想的递嬗，讲得头头是道，亹亹不倦，听众无不欢喜。当晚，青大设宴，有酒如渑，胡赶快从袋里摸出一只大金指环给大家传观，上面刻有“戒酒”二字，是胡太太送给他的。

胡适从来不在人背后说人的坏话，而且也不喜欢听人在他面前说别人的坏话。相反的，人有一善，胡辄津津乐道，真是口角春风。徐志摩在给梁实秋的信里有“胡圣潘仙”一语，是因为胡适向有“圣人”之称，潘光旦只有一条腿可跻身八仙之列。

杨振声善饮。杨振声掌青岛大学，每星期六校务会议之后照例有宴席一桌，多半是在顺兴楼，也有在厚德福的，当场开绍兴酒在三十斤一坛，品尝之后，不甜不酸，然后开怀畅饮，坛罄乃止。好饮者七人：杨振声、赵太侔、闻一多、陈季超、刘康甫、邓仲存、梁实秋。闻一多提议邀请方令孺加入，计八人，号“饮中八仙”。

叶公超在美国从高中读到大学，不擅中文，而且对于中国文化的认识也不够深。闻一多戏谑地呼叶为“二毛子”，意思是指叶精通洋文而不懂国故。叶虽不以为忤，然猛力进修中国文学艺术，不久即翻然成为十足的中国文人。

余上沅创办国立戏剧学校，任校长。有一位职员犯大过，上沅予以申斥，其人不服，始而厉声抗辩，终乃拍桌大骂，秽语尽出。上沅泰然处之，端坐不语，俟其发泄完毕怏怏而去，上沅始徐徐语左右曰：“我不能和他对骂，对骂就不成体统了。”其人终于悔悟道歉。

叶公超在暨南大学教书，兼图书馆长，独身，就住在图书馆楼下一小室，床上桌上椅上全是书。

胡适名满天下，但是他实在并不好名。有一年胡适和马君武、丁在君、罗努生作桂林之游，所至之处，辄为人包围。胡适说：“他们是来看猴子！”

清华25岁的青年教师赵万里，毕业于东南大学，为钱锺书、吴晗等一班学生讲版本目录学，讲到某本书，年轻气盛的赵万里自负地说：“不是吹牛，这本书的版本只有我见过。”课后，吴晗说：“这个版本我也见过，同他讲的就不一样。”钱锺书也说：“这个版本我见过好多次！”还有学生挑唆吴、钱说：莫非我们清华无人？赵万里听说这事，也不生气，还删减原计划该讲的十个专题，留出时间让吴、钱两个学生去讲。据说钱锺书晚年没有完全认同这个传闻。

陈西滢等创办《现代评论》杂志，杂志编辑成员有：学法律的王世杰，学国际法的周鲠生，学地质的李四光，学政治的钱端升、张奚若，学经济的高一涵，学社会学的陶孟和……均为一时之选。编辑部同仁写稿，都没有稿费。沈从文是当时该杂志唯一拿薪酬的职员：校对，月薪二十元。据说这笔钱足够他一个月的开销。该杂志第一次发稿费，是胡也频的一篇小说，当时胡很穷，编辑部临时决定，“酌致薄酬五元”。

徐志摩留学英美，邵洵美留学法国，他们都是翩翩浊世之佳公子，都风流倜傥，同是留学生，但都喜欢着长衫，穿软缎面的鞋子，都不会跳舞。

1920年前后，佛学大师欧阳竟无设支那内学院于南京，有如马融虎皮讲学，门下无寒士。熊十力便抠衣承教，寄食院中，愿执洒扫之役。他就在工余，遍读院中藏书，精进不懈。有一回，欧阳大师出题遍试门弟子，熊就写了拟作。大师看了，大为赞赏，许列门墙。熊却不愿在释氏门下做自了汉，即便离开了南京。

三国时魏人刘劭《人物志》论人之品性，以中和为贵，“中和之质，必平淡无味，故能调成五材，变化应节”。曹聚仁说他的师友中，各有所偏，“求其中和平实，夏丏尊师庶几近之”。曹聚仁又说：与中和的人来往，初亦平平无奇；越到后来，越觉有意思。叶圣陶、朱自清先生亦是中和一流人物。

孟森是一好好先生，心气和易。孟在北大教明清史，讲义写得太详密，上堂无多话讲，学生缺席，只少数人在堂上，遇点名时轮流应到。孟说，今天讲堂座上人不多，但点名却都到了，仍自讲述不辍，学生传为谈资。钱穆说：孟心史从不放言高论，甚至不像是一争辩是非的人。在北大同人中，却是另具一格。

物理学大师吴大猷，五岁丧父，没有兄弟姐妹，从小没有机会也不大喜欢和别的小孩玩。母亲做人处事，以身作则，所以吴自小守规矩，在大人允许的范围里做一些斯文事，如画画、无师自通地刻图章。至于户外打球，容易弄得一身泥的运动，母亲是决不鼓励的。吴回忆说：这影响了他后来的性向及脾气，无形中有一种胆怯心理；讲课当然没有问题，但在其他场合，如喜庆婚宴上，人家请他致词，他就十分拘谨，不会讲些应景的话。

蔡元培年轻时锋芒很露。他在绍兴中西学堂当校长时，有一天晚上参加一个宴会，酒过三巡，他推杯而起，高声批评康有为梁启超维新不彻底，因为康梁主张保存满清皇室来领导维新。说到激烈时，蔡高举右臂大喊道："我蔡元培可不这样。除非你推翻满清，否则任何改革都不可能！"

日本汉学家吉川幸次郎曾在中国留学三年，在北平期间，他说中国话，穿中国衣，吃中国菜。吉川汉化甚深，据京都大学的师生回忆，他回国后上课、演讲时，常常情不自禁地对日本师生说"贵国"如何如何，这"贵国"其实指的是日本，而他多次说的"我国"，却是指的中国。

长泽规矩也，日本汉学家，自 1923 年至 1932 年间，七次到中国访书旅行。长泽有一年在苏州书肆购得宋元刊本《本草纲目》归国。此事后来被京师图书馆获知，第二年长泽再到杭州、南京、苏州等地访书，京师图书馆得悉长泽的行程，长泽所到之处，都被奉京师图书馆馆长之命的版本目录学家赵万里抢在前面，结果这一次长泽到哪儿的古书店都找不到善本。

刘盼遂尝从梁启超、王国维诸先生问学。刘盼遂说：梁先生家里窗明几净，大条案上的书放得整整齐齐。他谈笑风生，能使人一见面就被吸引住了。王先生则相反，桌子上堆满了书，只留下一小块地盘供自己工作，见人不知说什么。一年春节，刘盼遂去拜年，王先生半天没有话可说，最后才问了一句："你家里有没有信来？"

赵元任在香港一家鞋铺买鞋，店主的国语说得不够好，弄不清楚，反说赵元任的国语不好，让赵元任买套国语留声片多学学。赵元任问这个店主，谁的国语留声片好？这个鞋铺店主回说用赵元任的好了。元任太太杨步伟一旁听了大笑，指着赵说他就是赵元任！

赵元任先后一再推辞中央大学校长、清华大学校长和中研院史语所所长等职务，赵说：和任何与人事有关系的我都不愿干，我只愿做学问终身。赵元任推荐傅斯年做中研院史语所所长，说他真是最好的人才。

西南联大校长实际上一直都是梅贻琦，他还兼过很长一段时期的教务长。梅贻琦风度很好，有绅士派头，永远拿一把张伯伦式的雨伞，甚至于跑紧急警报的时候，他还是很从容的样子，同时不忘疏导学生。识者云：在那种紧急的关头还能保持这种风度确实很不容易，所以他能够让一个学校在战争时期平稳渡过。

沈从文在西南联大开中国小说史的课，六七人听讲。沈讲课字斟句酌，非常之慢，每一句话、每一个字都非常有逻辑性，如果把他的课记录下来就是很好的一篇文章。

张奚若倾向于自由主义的改良主义，但他在西南联大讲政治思想史，指定必读书目，其中就有英译本的马克思《共产党宣言》、列宁《国家与革命》等。

抗战时有“蒋委员长万岁”的口号。张奚若在西南联大的课堂上，不止一次地面对学生感慨道：“现在已经是民国了，为什么还老喊‘万岁’？那是皇上才提的。”

化学家曾昭抡，不修边幅，有名士派头。他是清华留美的学生，回国后做中央大学化学系主任。朱家骅做中央大学校长，有一次召集各系主任开会，曾昭抡来了，朱家骅不认得，问他是哪一系的。曾昭抡答是化学系的。朱家骅看他穿得破破烂烂，就说：“去把你们系主任找来开会。”曾昭抡没有答话，扭头走了出去，回宿舍，卷起铺盖就离开了。随后就在北大化学系做系主任。

胡适做中国公学的校长。学校广场走道旁，树有许多木牌，给学生贴壁报用。那些壁报，有无党无派的，有国民党员的，有左派的，有国家主义的。胡适一视同仁，任由学生各抒己见。有一次，有张左派壁报批评胡适，其中有许多措辞说得很过火，学校当局要把它撕去，胡适不准，说他提倡言论自由，就要以身作则。

胡适辞去中国公学校长职务，马君武继任。马君武是胡适在中国公学读书时的老师。胡适对罗尔纲说："马先生是孙中山同盟会的秘书长，地位很高。只是脾气不好，一言不合，就用鞋底打宋教仁的巴掌。他不肯信任人，事事要自己抓，连倒痰盂也不放心，要去看过。不肯信任人，人便不敢负责；事事自己去抓，便行不通。"果然不到一两个月，中国公学就起了大风潮。

胡适年轻时在上海很放浪，打牌，喝花酒，还被巡捕房关押过。后来胡适觉得这样对不起慈母，很懊悔，在王云五先生的帮助下，考取留美赔款官费生，自此悬崖勒马，迷途知返，走上正路。所以胡适饮誉寰宇后，对王云五先生依然毕恭毕敬，铭感不已。

徐志摩办《新月》杂志，处理事务很严谨。有一篇投稿是论陆游的，文章一般，徐志摩以为要退稿也须提出确当的依据。遂让罗尔纲审读这篇稿子，罗读了《剑南集》，有的地方还核对了《宋史》，然后逐条提出意见，写在纸上，贴在稿上。徐志摩看了很高兴。

《〈醒世姻缘传〉考证》是胡适平生最得意的作品，

“认为可以做思想方法的一个实例”，“给将来教授思想方法的人添一个有趣味的例子”。所以他在引首里，把古人的两句诗“鸳鸯绣取从君看，不把金针度与人”，改作“鸳鸯绣取从君看，要把金针度与人”。

千家驹大学时代写过一篇论文《抵制日货之史的考察与中国工业化的问题》，胡适看了，大为欣赏，后来介绍千家驹去陶孟和主持的北平社会调查所工作。陶孟和了解到千家驹是学校里有名的“捣乱分子”，可能是一个“共产党”。胡适对陶孟和说：“捣乱分子与研究工作并不矛盾。会捣乱的人不一定做不好研究工作，而且研究机关，你怕他捣什么乱呢？这样的人才你不用，你还用什么人呢？”陶孟和于是接受千家驹到所里工作。

胡适从不以他的政治思想强加给学生。胡适认为青年思想左倾是应当的，他说，青年思想左倾，并不足忧虑，“青年不左倾，谁当左倾？”同时他对青年骂他也从不生气。有学生说胡适学识之渊博与其“容忍”之雅量，并世无第二人。

胡适曾有书信责备苏雪林在鲁迅逝世后抨击鲁迅事。胡适说：鲁迅狺狺攻击我们，其实何损我们一丝一毫？他已死了，我们尽可以撇开小节不谈，专讨论他的思想……鲁迅自有他的长处，如他早年文学作品，如他的小说史研究，皆是上等工作。胡适在信中说：“凡论一人，总须持平。爱而知其恶，恶而知其美，方是持平。”

蔡元培自言“性近学术，不宜政治”，但他善找帮手，信任帮手，知人善用。蔡做教育总长，则以长于实践、富实际经验的教育家范源廉为次长。蔡做北大校长，则以办事高明的蒋梦麟为总务长，助理校政。在大学院时代，蔡则以精明而机警的杨铨先后为教育行政处主任、副院长，以补自己“迂缓”之不足。

胡适素有学术民主之襟怀。当年北大文科研究所常举行研究报告会，有次一位姓韩的研究生在会上提出一篇有关隋唐之际佛学的研究报告，宣读完毕之后，胡适以所主任资格首作批评，滔滔不绝，刚说到中途，韩君突然打断胡适的话头说：“胡先生，你别再说下去了，你越说越外行了。”随即韩君把胡适批评错了的地方指出来。胡适毫不动气，立刻停止批评，请韩君导师佛学权威汤用彤先生对韩君报告继续加以检讨。报告会结束时，胡适说：“以后举行报告，最好事先让我们知道题目，以便略作准备，免得像我这次对韩君的报告作错误批评啊！”

丁文江出生于江苏泰兴绅士之家。丁母单夫人育子爱护周至，而起居动止，肃然一准以法：衣服有制，饮食有节，作息有定程，一钱之费，必使无妄耗。事能亲为者，毋役僮仆。即不能，偶役僮仆，亦不得有疾言厉色……

北京大学恢复地质学系之后，初期毕业生到丁文江主持的地质调查所去找工作，丁文江亲自考试这些学生，考试结果使他大不满意。丁文江和胡适一起去看北大蔡元培校长。蔡元培听了丁文江批评地质系的话，也看了那张有许多零分的成绩单，他不但不生气，还很虚心地请丁文江指教他怎样整顿改良的方法。那一席话的两个结果就是，请李四光先生来北大地质系任教授，北大与地质调查所合聘美国古生物学大家葛利普先生到中国来领导古生物学的教学和研究。

德国学者李希霍芬曾有批评："中国读书人专好安坐室内，不肯劳动身体，所以他种科学也许能在中国发展，但要中国人自做地质调查，则希望甚少。"地质学家丁文江则在近世中国打开了"登山涉水，不怕吃苦"的风气。翁文灏说他们是跟着丁文江先生不辞劳苦实地调查，而且丁文江"最有方法"，"在君（维强按：丁文江，字在君）的习惯是登山必到峰顶，移动必须步行"。胡适亦称丁文江是"最不怕吃苦、又最有方法的现代徐霞客"。

马非百，原名马元材，字非百，1919 年 6 月被北大文科录取。依照规定，学生入学，必须找一个京官在保证书上签名盖章。马非百来自湖南乡下，找不到京官。马遂写信给蔡元培校长，批评这项制度。并坚决表示，如一定实行这项制度，他宁愿退学。蔡元培校长回了一封很恳切的信，信的开头称马为“元材先生”，末尾则署名“弟元培谨启”。信中说查法国各大学，并无此制。不过本校系教授治校，事关制度，必须经教授会议讨论并通过才可决定。如先生不以我为不合格，就请到校长办公室，找徐宝璜秘书长代我签名盖章云云。马非百后来说：这件事至少表明了两种精神，尊重学生意见，遵守民主制度。

王利器念高中时阅读了钱基博《现代中国文学史》，看出一些错误，就给钱基博先生去一封信。钱基博先生旋复书，十分客气，并于重版时，也把王利器的名字和当时一些知名之士一起列在前言里。

金岳霖曾说：哲学家和平常人就不一样，平常人端着一杯茶，立即喝下去，哲学家拿着一杯茶，却谈来谈去，结果茶冷了，也不想喝了。金岳霖还在《论道》一书里写道：“最近人性的人，大都是孤独的人……”

陈序经先生气度舒徐，善于体察人，让人感到明达而又易于接近。识者或曰：陈先生历任岭南等大学校长，知人善任，罗致了不少知名学者同他共事，必和他为人的这种气质有关。

夏志清在北大做助教，专心治学，细读勃雷克全集和参考书两三遍，慎重下笔以勃雷克为题作论文，获得留美奖学金。夏此时尚籍籍无名，又非北大出身，故北大嫡系教员大为不服，至少有十多位讲师联袂到校长胡适那里去抗议，质问“夏志清是何许人?”胡适毫不徇私，并不因此否决评选委员会的决议。

20世纪20年代末章太炎一日在杭州西湖边楼外楼吃饭。蒋介石、宋美龄轻装简从，由杭州市长周象贤陪同，也登楼入座，似同常客。当时楼座别无他人，蒋氏一行安详地也点了三味菜，对着西湖纵览湖光山色，双方都不打招呼。蒋介石夫妇一向不喝酒，很快餐毕起立。临行时，周象贤轻声对蒋说，那面在写字的就是章太炎。蒋介石听后立刻过来招呼说：“太炎先生你好吗?”章太炎也不停笔，回答说：“很好，很好。”蒋又问他近况如何，他笑笑说：“靠一支笔骗饭吃。”蒋说：“我等你一下，送你回府。你在杭州有什么事可以随时关照象贤，他会替你办的。”章连连说：“用不到，用不到。”并且坚持不肯坐车。蒋氏不便再请，就把自用的手杖送给章太炎作为纪念。章对这根手杖倒很满意，接在手里和蒋氏伉俪一行频频握手点头，称谢而别。

1946年，国民党为蒋介石六十寿辰祝寿。当时有一“民意机构”派人与中央大学胡小石教授商洽，许以重金，请他为蒋介石六十寿辰书写寿文。胡小石是“民国最高学府”中央大学最负盛名的学者之一（系“部聘教授”），金石书画、诗词曲赋无所不通；且胡小石无党无派，与政治素无姻缘。请他写寿文，既有文气，又具“民意”。胡小石一口回绝。此“民意机构”所派来之人反问："前时美军将领史迪威逝世，那次公祭典礼上的祭文，不是由先生写作的么？"胡小石答曰："史迪威将军来中国帮助我们抗战，所以我才为他写祭文。再说，我只会给死人写祭文，不会替活人写寿文。"

刘绪贻在西南联大读书，曾直言唐突社会学家陈达教授的讲课方式，陈达教授虽然感到难堪、生气，但并不放在心中。刘绪贻毕业时，陈达教授建议联大校方将刘留校作为社会学系的助教。

近世学者王照，字小航，行事独立而沉稳，参与戊戌维新，却两头不落好，"旧党疑（他）为党康，康党疑（他）为党旧"。胡适给《小航文存》写序，佩服王照肯讲老实话："说老实话，这个国家吃亏就在缺少一些敢说老实话的傻子。"

教育学家陈友松早年留美，20 世纪 40 年代初期任职湖北省立教育学院院长，当时湖北省主席是陈诚。有一次，陈友松在上课，陈诚来学校，院长室秘书到教室向陈友松报告说"陈长官来了"，说完便退在旁边。陈友松在讲授告一段落时问："他来校有什么事？"秘书答："来校看看。"直到下课铃响，陈友松才从容迎宾。陈友松从此获得"书呆子院长"的外号。陈友松后来到北师大任教。

徐梵澄对鲁迅十分推崇，有人问徐，"鲁迅先生怎么这样好骂？"梵澄解释：鲁迅待人太厚道了。厚道是正，一遇到邪，未免就不能容，当然骂起来了。

著名语言学家、北京师范大学中文系教授陆宗达先生学问很好，为人朴实平易。他十分体谅各个领域研究者的甘苦，特别感到青年人发展自己的不易，每当他有一点学术评议权时，总是在不违背学术原则的前提下，尽量去发掘、介绍别人的长处。有人劝他："您太随和了，也许会有人因此反而说您没学问。"陆先生说："由他们说去吧，咱们只能说真话，无须用摆架子去提高自己的威信。"

抗战时期，马一浮在四川乐山主持复性书院，教育部长陈立夫写信就商于马一浮，希望复性书院归属教育部，经费可全部由该部负担，肄业学生由教育部发给硕士文凭。马一浮回信，严词拒绝。大意谓书院宗旨，与普通大专院校异趣，从学者皆为求实而来，非图虚荣。若以文凭招之，则失其所以为书院矣。

1915 年秋日，刘师培于京召集知名学者聚会，拥戴袁世凯称帝。黄侃与刘师培平素关系最好，邀在首列。黄侃去后，刘师培向众人阐明袁世凯当皇帝之意。一时众学者面面相觑，计无所出。忽黄侃挺身而出，瞋目叫道："如是，请刘先生一身任之！"说罢，拂袖而去。众人亦随之而退。章太炎赞道："是时微季刚，众几不得脱。"

三民主义青年团 1938 年在重庆成立时，蒋介石是团长，陈诚做书记长，经济学家何廉受邀兼任经济处处长，实业家卢作孚受邀做社会服务处处长。陈诚找何廉出主意，想开办某些经济事业，从中得到财政支持。何廉不以为然，他说："我不愿见到三青团利用它的地位，建立新的企业与公众竞争。……如果陈诚利用他的权势，通过他的关系控制一个极为有利可图的矿，这就会在公众面前树立起一个极坏的榜样。"陈诚再三再四想为三青团在开办经济事业上有所谋划，均遭何廉以及卢作孚的劝阻，于是作罢。

史学名家陈垣先生做辅仁大学校长，他在北大历史系兼课，发现课堂上一位名叫余逊的学生作业甚精，一经询问才知其家学渊源。陈垣经过多方辗转，1930 年，终于聘得余逊的父亲，在湖南老宅设馆授徒的余嘉锡为辅仁讲师，不到一年即升任其为教授。

文史学家王利器著作等身，有一次，有人问他，您怎么竟然还不是国家古籍小组的成员和顾问呢？王淡然一笑，说："欲传后世，原不待此。"王利器八十寿辰，中国社会科学院历史所一些朋友有意共同为他编辑出版纪念集，王婉言辞谢，答："欲传后世，原不待此。"

1955 年苏联专家为治理黄河拟具了一个轮廓，黄万里提出了不同的见解。1957 年，拟建三门峡大坝，黄万里不同意，争辩 7 天，黄预言：黄河潼关以上将大淤，并不断向上游发展，黄河下游的灾情将移到中游，特别是渭河。但《中国水利》杂志专门出了一期批判黄万里的论点，三门峡大坝还是建了起来。1960年起，潼关以上黄渭河大淤，河水冲毁农田80万亩，一个县城被迫搬走，一切像黄万里预言的一样。三门峡大坝动工前，黄万里最后提出，如果一定要修，河底六个施工泄水洞请勿堵死。但是最后苏联专家仍坚持按原计划堵死。20世纪80—90年代这六洞又重新以每洞约1千万元的代价打开。

一次，某位崇拜黄季刚先生的学者，在一个会上发言批评北京大学教授王力先生的音韵学，之后，他征求北京师范大学教授陆宗达先生的意见，陆先生说："你的发言里有好几个地方把王力先生的古韵学观点讲错了，你还没理解王力先生，怎么可以去批评别人！"

大约是1997年，作家邓友梅说，他跟汪曾祺相识近五十年，没见他人前发过火，没听他人后贬过人，只听他流露过两次"不以为然"的情绪。其中一次是这样：汪曾祺"有次与二位文学新星一道外出参加活动，这二位嫌酒店档次低要搬家，嫌介绍时把他们排在后边要退席，说起话来气冲斗牛，一举一动都透着小人得志。有人谈起孙犁同志的文学成就，说他是少数几个真懂什么是文学的人，他的语言是只能体会，不能模仿的。他们把嘴一撇说道：'可是孙犁也有缺乏自知之明之处，对我们这批人也想指手画脚，他写文章惹我们，我们就联合起来轰他，怎么着，他还不是叫我们轰得在读者眼里掉了价?!’”汪曾祺听了摇头，小声跟邓友梅说:“我不信未来的世界就是这些人的！他们要掌了权，一点不比‘四人帮’时期日子好过，他们当了政我绝不再干。咱不吃这碗饭啦行不行?”邓友梅说：这是汪曾祺“最激动的一次谈话”。

钱伟长1957年被划为右派，力学家、中科院力学所副所长郭永怀教授仍委托钱伟长做《力学学报》审稿工作。清华某教授有一篇论文投给《力学学报》，经钱审阅，发现竟有很多力学的基本概念是错误的，钱提出论文中的51条基本错误并认为该文不宜发表。该教授对编委会说“左派教授的文章不许让右派教授审查”。郭永怀说:“我相信钱伟长的意见是正确的，这和左右无关”。

“文革”中，中科院学部猛斗“牛鬼蛇神”，别的人都被斗得狼狈不堪，唯独钱锺书先生胸挂着黑帮的牌子还昂首阔步，从贡院西街走回干面胡同的宿舍里，任凭街上的孩子哄闹取笑，既不畏缩，也不惶悚。

钱锺书先生治学严谨。900卷的《全唐诗》，他通读过5遍。20世纪80年代，北大计划编纂《全宋诗》，请钱锺书先生主持，钱说他只能自己写书，不能当主编，挂虚名。20世纪90年代初，《全宋诗》前三册出版，钱抱病翻阅了两册，指出好几个错失，并写信给编者，说："为兄做校对员耳，不足为外人道也。"

一次，几位中日书法家坐在一起座谈，说简化字不好，表现不出书法之美。林散之听见了，就一声不吭地走到桌前，拿起笔写了几个简化字，又一声不吭地回到位置上，坐下。几位中日书法家一看他的墨迹，也一声不吭了。几位中日书法家一声不吭地陪伴林散之坐了一个下午，临结束时，大家不约而同纷纷走到桌前，写起了简化字。

20世纪50—60年代，钱三强当二机部副部长，他是科学家，懂行，人很直爽，但有一点书生气，而张劲夫却说："书生气比官僚气要好得多！"

华罗庚从不隐晦自己的弱点，只要能求得学问，他宁肯暴露弱点。华说："弄斧必到班门。"1981年，华又说："观棋不语非君子，互相帮助；落子有悔大丈夫，改正缺点。"

周予同教授坦诚真挚，上课旁征博引，说古道今，谈笑风生。赵丹在拍闻一多的电影时，为了演好这位民主教授，特地跑到复旦听周先生的课，领略这位老教授的气质与风度。

黄药眠是美学家，1956年，他发表长篇论文，力主"美是评价"说，发动并参与了解放后美学的第一次大讨论，既批评了朱光潜，也不同意蔡仪，对李泽厚的看法也持保留意见。可黄先生于1957年3月至5月间，特地把朱、蔡、李等先生一一请到他任教的北师大中文系讲美学课，让他们阐述各自的观点，他坐在教室里含笑而听。

北京师范大学生物学系青年教师孙儒泳 1954 年被保送苏联国立莫斯科大学留学，1958 年获副博士学位回国后不久，就赶上全国上下批判“彭、黄、张、周右倾机会主义反党集团”的运动，彭德怀元帅成了“政治瘟神”。但孙儒泳不以为然，在一次党员干部会议上，孙说：“按照党章规定，党员在党的会议上可以自由发言，彭德怀同志写信给毛主席反映情况，这是党员应尽的义务，也是党员的权利，并无过错，而且反映的也是实际情况，这怎么成了反党呢?”孙的直言震惊了会场，于是孙被认定为右倾，受到批判，之后被下放劳动，直到 1962 年才得到甄别。孙儒泳，浙江宁波人，1993 年当选为中国科学院院士。

空气动力学家陆士嘉教授先后就学于北京师范大学物理系和德国哥廷根大学，解放后任教于北京航空学院。1980 年中国科学院增补学部委员，两轮酝酿提出的候选人名单中都有北航陆士嘉教授。但陆坚持认为“自己回国多年来研究工作不多，岁数大，身体又不好，宜将机会让给杰出的中年科学家，否则对我国的科学事业发展不利”。并亲自写信给中国科学院领导恳求删去她的名字。

数学家、北京大学教授闵嗣鹤一生遵循的座右铭是：能受苦方为志士，肯吃亏不是痴人。

20世纪50—60年代，潘天寿任浙江美院院长。一些老先生常在一起讨论教学和创作。有一次，黄羲先生在潘天寿家里二人争论了起来，因为看法不一致，黄先生急得甩了帽子，离开时连帽子也忘在了潘先生家里。第二天，潘先生把帽子带去还给他，两个人又相好如故。

长期在人民文学出版社工作的古典文学专家顾学颉对人文社老社长冯雪峰的印象是：他当权和下台的时候，对人的态度都前后一致，没有两样，在台上，没有颐指气使的那副高人一等的气派；到台下，也没有怨气冲天或者自卑的可怜相。人文社有些编辑说冯是《三国演义》里的关云长，傲上而谦下。

1973年，王仲荦教授正在北京点校二十四史，“四人帮”掀起了一场“评法批儒”的风浪。当时上边派人来中华书局，软硬兼施要这些老专家们去作“评法批儒”的报告。王说：“我连普通话都讲不好，怎么能去作报告呢?”就将此事推了过去。

华东师范大学教授钱谷融说：“我一向不愿意谈自己。这倒不是因为别的，只是觉得自己实在一无可谈。人既平庸，经历又极简单，如果也一本正经向人们大谈起自己来，岂不是太可笑了吗？尽管自己所写的文章，曾受到过大规模的批判，但这样的事，过去在我们这里多的是，有什么值得谈的？”

考古学家李济60余岁时即已发现患有糖尿病，经台湾大学医学院诊断，李的眼底已有轻微出血，医生警告他务必小心，否则有失明的危险云。李听了失明的话，不禁两眼泫然而落泪。此后李严遵医嘱，善加保养，每餐盛饭必天平称过无误才进食，旅行时亦随身带天平。所以李再不曾眼底出血，享年83岁。

语言学名家俞敏先生在他的学术论文集中，凡对于为他作过一点小事的学生的名字，他都一一提及，决不落下一个；对学生贡献过的一点点意见、心得，他都署其名一一记录在“集”，决不漏掉一点一滴。

裱画师刘金涛是老舍家的常客。刚解放时，他家孩子多，生活困难。有时赶上吃饭，老舍就喊：多给煮两碗炸酱面啊，留他吃饭。有时拿画让他裱，怕他路上有闪失，老舍就掏出钱来说：给你，坐三轮走啊。

陆宗达先生从不具有自己是“万能语言学家”的那种感觉，即使在自己专门研究的领域里，他也决不认为自己什么都懂。不论是作文还是发言，他从不菲薄别人的学术而伤害同行与晚辈。

语言学名家陆宗达先生一直坚持用黄季刚先生的音韵分部，教给学生熟悉28部与19纽，但他时常探讨各派音韵学家的分部与归部，不反对自己的学生采用其他人的学术成果。

史学家白寿彝先生对于后学们，他给予足够的体谅和理解，绝不会因为弟子一时一事的疏忽或失误对他造成的某些不利而耿耿于怀，锱铢计较。白先生认为，“每一代人都有他跨不过去的局限”。

钱瑗，北京师范大学外语系教授。北师大曾和英国合作培养“英语教学”研究生。钱瑗常和英方管事人争执，怪他们派来的专家英语水平不高，不合北师大英语研究生的要求。结果英国大使请钱瑗晚宴，向她道歉，同时也请她说说她的计划和要求，钱瑗的回答头头是道，英大使听了点头称善。

有一天，北师大招待英国文化委员会派来的一位中英合作项目监管人。在北师大工作的英国专家说这人已视察过许多中国的大学，脾气很大，总使人难堪。不料这人和钱瑗教授谈话之后非常和气，表示十二分的满意，说“全中国就是北师大一校把这个合作的项目办成功了”，接下来慨叹说：“你们中国人太浪费，有了好成绩，不知推广。”

中国文化书院诸公闲话养生，杨宪益的“秘籍”是“抽烟、喝酒、不运动”，季羡林是“每天饭菜必食七粒花生米两个西红柿”，张岱年亦有一绝曰“一饱一倒”，饭后必卧床休息。诸老皆高寿，有后学以古语注解：老子曰“德可以延年”；方苞说《论语》“仁者寿”云“凡气之温和者寿，质之慈良者寿，量之宽容者寿，言之简默者寿，盖四者皆仁之端也，故曰仁者寿。”

1969 年“文革”期间，哲学家张岱年老先生被发配至江西鄱阳湖畔鲤鱼洲劳动改造。张先生常轮值夜班，回忆这段经历，张记之曰：“八连常让老年人值夜班，夜间坐在草棚外守望……夜阑人静，万籁俱寂，一片宁静，颇饶静观之趣。仰望星空，星云皎然。多年以来，我住在城内或近郊，房屋比栉，很难见到星斗，今一片空阔，仰望天空，北斗俨然在目，另有一番乐趣。”

张岱年尝言哲学家有三种类型：散文型，诗歌型，戏剧型。散文型，平实而崇高，如孔子；诗歌型，跳跃而浪漫，如庄子；戏剧型则一生中多戏剧性经历，如墨子。

一般人往往以为治中国古典学问的老先生体弱多病，多为书呆子，其实未必然，很多老先生都有着对生活的热情和广泛的爱好。中山大学王季思先生是网球爱好者。山东大学萧涤非在清华时，是足球后卫，当时还被一些球迷叫做“萧条非”。北大游国恩先生六十多岁还曾下海游泳。复旦蔡尚思老先生坚持冷水浴四十多年，春寒料峭时，在峨眉山上一再跃入黑水江中冷水浴，1994 年九十高龄还在威海出海游泳。

陈望道做复旦校长时，正是校长缺乏权力之时。但他还是要利用手中不多的权力，来为师生做点好事。他常说学生能来复旦读书不容易，轻易不要处分。每当有学生犯事，——多半是思想上的事，公安局要来抓人时，陈望道先生总说慢点批，他要了解一下情况再说。因为公安局一抓，这个学生就要除名，这一辈子也就完了。所以凡是能保的，陈先生总要保一下。

人民文学出版社第一任社长、总编辑冯雪峰，周恩来总理指示配给他一辆专用小汽车（当时人民、美术、教育等其他大社社长则没有），而冯雪峰却很少坐，只有到中南海开会等重要活动，才偶尔坐坐，平常上班就戴顶大草帽，雇一辆三轮车，坐到社里；如果下雨天他坐汽车回家，在胡同口就会下车，步行回家，怕车轮溅起的泥水，落到行人身上。

绿原由于所谓的“胡风反革命集团”案而被关入监狱。狱中六年，绿原自修德语，终能阅读《共产党宣言》《费尔巴哈和德国古典哲学的终结》等艰深的德文原著。1962 年 6 月，公安部以“免予起诉”的审理结论，将绿原释放。绿原进了人民文学出版社编译所，审读的第一部译稿是朱光潜翻译的莱辛的《拉奥孔》，绿原用铅笔在原稿上改正朱先生的误译，并写了一份请译者斟酌的处理意见，社办转给负责推荐此稿的社科院外文所。外文所负责人冯至先生以为意见相当中肯，还向出版社打听是谁提的意见。钱锺书先生审阅绿原翻译的文字古怪的让·波尔《美学入门》的一章，写下这样的评语：“译得很忠实，有些地方颇传神，只是‘性’字太多。”钱锺书这一评语，使绿原在翻译界仿佛领了一张通行证。此后，他署名“刘半九”的译作——如勃兰兑斯《十九世纪文学主潮》、歌德《浮士德》等，频频问世。

新中国成立后，金岳霖调离清华，调到了北大，又调到了别处。到社会科学院后，因他资历老，成就大，学问也高，组织上就要他担任副所长。另一位副所长告诉他研究所不同于大学，他也就不能像以前在学校那样自由了，而应该坐在办公室里办公。他在办公室里待了一上午，也没弄明白如何“办公”。于是他说：“他们说我应该坐办公室办公。我不知‘公’是如何办的，可是办公室我总可以坐。我恭而敬之地坐在办公室，坐了整个上午，而‘公’不来，根本没有人找我。我只是浪费了一个早晨而已。”

20世纪50年代初，北京大学校长马寅初多次向学生介绍自己锻炼身体的经验，并将其写成文字，送到北大学报编辑部。当时学报主编翦伯赞婉拒了这篇稿子，说北大学报是要同外国著名大学交换的，这稿学术性不太够，发表后影响不大好。马老也不以为忤。

赵朴初晚年劝戏剧家曹禺读《心经》。曹禺虽不完全读得懂，还是读了。有一次，曹禺问赵朴初，“你喝茶可有禅意？”赵朴初说：“但以喜心饮茶，就有禅意。”

胡适做“中央研究院”院长，蒋介石为表示对胡适的尊敬，特参加胡适的就任典礼。蒋在典礼中对

“五四”运动颇有微词。胡适在蒋致词后就立刻对蒋说：“‘总统’，你错了！五四运动纯粹是一种文化运动，与以后的左倾思想与共党活动并无很大关系。”蒋听后亦无不快之色。胡适去世，蒋写挽联云：“新文化中旧道德的楷模，旧伦理中新思想的师表”。

人在年轻时多半思想偏激，但随年龄增长，又会有所转变。俞大维尝谓自己幼年时读线装书，青年时读洋装书，晚年又重读线装书。

傅斯年创史语所，郭廷以创近史所。王尔敏曰：傅斯年气魄宏大、勤能博学，有开拓精神，要求其追随者循其意志特识而做研究；郭廷以则醇厚朴讷，稳重踏实，疏淡放任，不加要约。

郭廷以先生晚岁撰《郭嵩焘先生年谱》序言，序中写道：“古今无绝对的完人，有其长亦有其短，他人的或誉或毁，是否公道，自为另一问题。”这几句话或表达了郭廷以先生对外界毁誉的感慨。关于郭嵩焘的性格，郭廷以先生在序言里写道：“……他的性情偏急，一不如意，即负气而去。他又自视太高，自信过强，孤持己志，动辄与人相忤。在他是直道而行，在人则目为傲慢。他虽是倾诚待人，仍往往受人反噬……此为他不能施展怀抱的最大原因。”这段话或也寄寓了郭廷以先生深长的慨意。

苏云峰毕业于台湾师范大学社会教育系（图书馆

组），先后在“中研院”近史所负责图书馆及研究所新楼三期工程等事务。苏云峰办事认真而有章法，努力克服当时的行政陋规，故遭某些弄权谋私利的行政人员的造谣生事和处处为难。苏因此向所长郭廷以先生告以详情实况，郭先生说苏“脾气不好”，苏说：“我的脾气本来很好，到这里来工作后才变坏的。”郭先生问：“那怎么办？”苏答：“应该改造环境，环境好了，我的脾气自然就好。”苏以为自己在近史所是“完了”，但郭先生并不计较苏云峰的“冒失无礼”，且一直有意栽培苏云峰，先后推荐苏云峰到哈佛燕京图书馆、哥伦比亚大学进修。苏云峰后来在近世教育研究等方面做出了成就。

北京大学西语系教授杨周翰，年轻时曾在牛津大学学习英国文学。有一次，美国伯克利加州大学教授格林布拉特到北大讲学，格林布拉特在台上演讲，杨周翰在台下提问，两人时而尖锐争辩，时而相视会心微笑。事后，格林布拉特说，比起杨周翰优美、典雅的牛津英语，他的英语听起来简直就像乡下佬的土话。

北大西语系教授杨周翰，博雅君子。某次杨周翰上课，教室里凳子不够，学生遂拖来别的教室的凳子。用后没有放回原处。清洁工大不满，吵吵嚷嚷找杨周翰告状。杨静静听完她的话，说：“我是教授，这些事情不归我管，请你去找管此事的人。”不识者因此谓杨周翰傲慢，识者则云杨有英人绅士气度，职责以内的事，从来兢兢业业，但对职责以外的事，则三缄其口。

侯外庐先生研究中国古代史，曾提出“封建土地国有论”。但后来被认为政治错误，1959年底后饱受批判。邓广铭先生反问：“如果封建土地都国有了，我们今天还要土改干什么？”有人问侯先生：“那你为什么不回答他呢？”“这怎么回答呀？没有交点。”侯先生答。

“文革”后期“评法批儒”，杨荣国教授以“评法”闻名，又一路走红，飞来飞去到处作报告。大家都笑他，包括他的学生。赵纪彬曾对杨荣国开玩笑：“你知道吗，现在我们那儿厕所里都贴着你评法批儒的宣传材料。”侯外庐先生听到后，很生气，非常严肃地说：“一个人，昨天把他打到地狱，今天把他拉到天堂，是什么感受？你没有这个经历，就没有资格这样笑他！”杨荣国在中山大学历史系，据说曾经套着麻袋被人打，很残酷。因为有过这样的经历，怕再次下地狱，你要我干什么我就干什么吧。这是一种被环境逼出来的心态和人格的扭曲。侯先生从人性的角度理解杨荣国，所以宽容并且谅解他。

侯伯宇先生在粒子物理、数学物理研究等方面作出了杰出成就，从“文革”结束后第一届院士评选开始，侯先生就已经完全具备了院士的条件，但是年年参评，年年落选。每次都是排名很靠前，但就是差那么一点点，如果选九个，侯先生是第十名，如果选十个，侯先生就是第十一名……杨振宁、李政道两位先生多次给中科院写信，强调评选侯伯宇为院士的必要性。但是，石沉大海，没有结果。侯伯宇先生弟弟曾对侯伯宇先生表示愿意动用关系找朋友活动，但被侯伯宇先生拒绝，侯先生对他弟弟说：“你不要害我。”

沈从文晚年开玩笑说：“现在写小说的条件真是太好了，稍微写得像样子即刻就成名了，写几个短篇就成名。我们那个时候十个集子出来了以后嘛，再写二十个还是习作呢。”

北京大学中文系教授王瑶先生在世时曾讲过，北大的老师是由两部分人组成，一部分人，北大靠他吃饭；另一部分人，他靠北大吃饭。王瑶先生所言甚善，而这又岂北大独然？

20 世纪 80 年代中期，上海天文台建成 25 米射电望远镜。鉴定评估会上，鉴定组一位成员说，能否写成上海 25 米望远镜使得中国与美德英澳等国一起位居世界前列，可以做长基线的干涉了。这样写，看起来中国的天文学真变成了世界前几头“大牛”了。王绶琯院士对这个非常拔高的写法很不以为然，王先生分析给大家说：世界上有能力有水平建这样 25 米射电望远镜的国家是很多的，人家没有 25 米，不是不能为，是人家有所不为而已。那个非常拔高的说法于是后来也就不再提了。

卷五　学政·世事

中国近代教育家、做过北京高等师范学校（北京师范大学前身）校长的陈宝泉，1922 年赋诗："世界文明诸种事，称扬艳羡浩无穷。洪炉点雪君须记，只在些微教育中。"

20 世纪 20 年代，史学家陈垣在北京大学教课时说：一个国家总是从多方面发展起来的，最近北京市商会主席去日本观光，人家特派了商业领袖招待，谈话间，我们商会主席什么都不明白，拿什么去和别人竞争？人家怎么会尊重你？我们必须从自己所干的，努力和人家比，我们的军人要比人家的军人好，商人要比人家的商人好，学生要比人家的学生好，我们是干历史的，就当处心积虑，在史学上压倒人家。

1919 年 5 月 4 日，北京高等院校学生爆发"五四"运动，5 月 4 日当天，32 名学生被军警抓走，其中 8 人是北京高等师范学校（今北师大前身）的。5 月 7 日，由北京高师校长陈宝泉担保，北京高师 8 名被捕学生全部获释。陈校长派他的专车前往关押学生的监狱，迎接 8 位学生。为了 8 名学生的安全，也考虑到他们今后在社会上会遭风险，陈校长把他们召去，征得学生同意，亲自为他们改了名字：陈宏勋改名陈荩民、杨荃骏改名杨明轩、初铭音改名初大告……这些学生毕业后，都一一成材：陈荩民成了数学家；初大告成了外语专家和教育家；杨明轩成了政治家，曾任全国人大常委会副委员长。几十年后，他们谈起老校长对他们的保护和爱护，仍激动不已。

1928 年，刘文典任安徽大学校长，因为学潮事件触怒蒋介石。蒋召见他，说了既无理又无礼的话，据说刘不改旧习，伸出手指指着蒋说："你就是新军阀！"蒋大怒，要枪毙他。幸而有蔡元培先生等全力解释，才以立即免职了事。

1928 年，张岱年被清华大学录取。开学之后，张得知清华添设了军训一项，由两个国民党军官任教官，对学生作"党化教育"。张不愿受国民党的所谓"军训"，就自动退学。适逢北师大招生，遂前往报考，被录取。

刘文典当安徽大学校长时，蒋介石掌大权不久。蒋想提高声望，刘文典竟拒绝请蒋到校"训话"，后来刘又不肯让师生在蒋参观时"迎送如仪"。那时流传刘的一句名言是："大学不是衙门。"

沈尹默 1932 年担任北平大学校长。当时国民党政府为了压制学潮，下令开除学生。沈气愤地说："搞教育者，教育学生成人也。开除自己的学生，岂不是宣告自己在教育上的失败吗?”他愤而辞职。

潘光旦做清华教务长时，安徽省主席刘振华有两个儿子要求来清华旁听，他拒绝说：承刘主席看得起，但清华之被人瞧得上眼，全是因为它按规章制度办事。如果把这点给破了，清华不是也不值钱了吗?

解放前，上海光华大学每次开校务会时，主席都要恭读总理遗嘱，张东荪听了就说：“下次再读遗嘱，我就不来了。”遂夺门而去。

蔡元培担任北大校长后，发现同学们对政界、司法界的兼职教师比较欢迎，对专职教员不大尊敬。因为他们想在政界、司法界有个靠山，以便在毕业后找个好工作。此外，学校既没有高尚娱乐，又没有学生组织，同学们除了应付考试，对学问根本没有兴趣。为改变这种局面，蔡元培一上任就反复强调，大学既不是贩卖毕业证的机关，也不是灌输知识的场所，而是研究学理的地方。他告诫学生：不要把升官发财视为人生的阶梯，而要把学术研究当作自己的天职。随后他又办了三件事：一是延聘陈独秀、胡适等一批真有学问的教授，以“提倡研究学问之兴会”；二是“推广进德会，以挽奔竞及游荡之习”；三是倡导成立学生社团，以养成自治之精神。

南京栖霞山石刻，南朝重要遗迹，民初以后，日见风化，叶恭绰捐私财延专家以化学固定液保存之，至今未致损毁。叶恭绰，字誉虎，博雅君子，精明能干，清季民初尝先后主持国家邮传、财政和交通等政务。

“七七”事变前一段时间，北平局势动荡，各方政治力量斗争激烈。教育部想请黎锦熙出任某大学校长，解聘该校左倾教授。黎表示：既不愿当校长，更不忍无故解聘教授，深为陈立夫所不满。后平津各大学内迁，教育部想借此机会不续聘左倾教授。由于几位教授联名作保，才未实现，其中签名作保的人就有黎锦熙。

李蒸，北京高等师范学校（北师大前身）毕业，1923 年赴美留学，获哥伦比亚大学哲学博士学位。抗日战争爆发后，李蒸领导北师大内迁西北，把学校办成了大西北声誉最高的高等学府。1946 年 12 月 17 日，兰州市政府宣布：为纪念李蒸在教育界的功绩，将十里店的一段公路命名为“李蒸路”。

抗战时期华罗庚的数学巨著《堆垒素数论》，原稿曾送中央研究院，无人能审，连原稿也被弄丢。后送教育部，交由何鲁主审。时值盛夏，何鲁躲在重庆一幢小楼上挥汗审勘，不时击案叫绝：“此天才也！”何鲁以部聘教授之声誉，力主授华罗庚数学奖。1941 年，华终于成为国民政府唯一一次颁授的数学奖的获得者。

傅斯年说：“总而言之，统而言之，做校长的要从教员出身，否则无直接的经验、切近的意识，其议论必成空泛，其行当每近于政客。”

傅斯年说：“大学以教授之胜任与否为兴亡所系，故大学教授之资格及保障皆须明白规定，严切执行。今之大学，请教授全不以资格，去教授全不用理由，这真是古今万国未有之奇谈。只是所谓‘留学生’，便可为教授；只是不合学生或同事或校长的私意，便可去之，学绩既非所谓，大学中又焉有力学之风气？”

抗战期间，有关当局明令各大学院长都要加入国民党，南开政治经济学院院长陈序经坚决不肯加入，有言“如果一定要我参加国民党，我就不做这个院长”。最后由张伯苓出面说情，陈序经没有“入党”，院长还是继续当。

抗战期间，张奚若曾做过国民参政会的参政员。他在参政会上多次对国民党的腐败和独裁提出尖锐的批评，有一次担任会议主席的蒋介石听得不高兴，打断了张的话。张盛怒之下拂袖离开会场，返回昆明。下次参政会开会时，张收到邀请信和路费后立即给参政会秘书处回电：“无政可参，路费退回。”

1937 年，数学家熊庆来接受云南省政府主席龙云之聘，当云南大学校长。云南矿藏丰富，又是“动植物王国”，因此熊首先大力发展云大的采矿冶金和生物学科。当时教育部拟将云大植物系并入西南联大，熊庆来据理力争，不但保留住了植物系，还扩展成为生物系。

陶行知认为，有三种教育家不可取，一种是“政客的教育家”，一种是“书生的教育家”，一种是“经验的教育家”。陶理想中的第一流教育家，须有两条，一是“敢探未发明的新理”，二是“敢入未开化的边疆”。

蔡元培着手北大的整顿时，主张以文理两科为主，不追求“多科之体面”，并始终重视在学校中设立研究所，推动学理研究。蔡说：“大学者，‘囊括大典，网罗众家’之学府也。”

傅斯年出任台湾大学校长之后，曾在《贡献大学于宇宙的精神》一文中说：“……办大学为的是学术，为的是青年，为的是中国和世界的文化，这中间不包括工具主义，所以大学才有他的自尊性。这中间是专求真理，不包括利用大学做为人挤人的工具。”

张百熙主持京师大学堂，举荐桐城派领袖吴汝纶，吴以年迈学浅坚辞不就。张情急之中，长跪不起，道：“我为全国求师，当全国生徒拜请也，先生不出，如中国何！”吴甚为感动。当时著名学者杨仁山、屠敬山、王瑶舟、严复、孙诒让、蔡元培等均被聘用。张被誉为中国“大学之父”。

傅斯年初掌台湾大学，时台大仅校长和总务长才配汽车。傅的太太在台大外文系教书，到校及返家均搭公共汽车。总务长太太去世，追逐文学院某小姐，假日载她外出兜风，傅先生知道了，警告他：“你要知道，汽油是人民的血汗！”

1919年“五四运动”爆发时，严复第四子严璿，正肄业直隶唐山工业学校，也参加抵制日货，赞助“五四”学生爱国运动。严复闻知极不以为然，亟不愿青年“暴力”行动，是年5月26日家书有云：“……如此等事断断非十五岁学生如吾儿者所当问也。至金先生驰书劝诫，儿尚不知过，敢为无理辩驳。吾不意汝到唐一年气质变到如此，又毫无分晓但知随俗迁流，如此直不类严氏家儿……吾儿年未及丁，判断力未足之时，决不应为此等事……辛亥革命如黄花岗死者多系幼年，彼辈亦自命爱国，然中国以革命弄到这等田地……北京章曹或亦有罪，而学生横厉如此，谁复敢立异同，而正理从此不可见矣……”

民国初年，北京大学学生和国会参议员众议员都是著名的八大胡同（妓女区）座上客，所谓“两院一堂”（参议院、众议院、北京大学堂），声名狼藉。军事操课时，教官叫口令前先加一句：“诸位老爷注意！”民国六年一月九日始，蔡元培掌北大，除旧布新，校风大变。

美国罗斯福总统提出“四大自由”（言论的自由、信仰的自由、免予匮乏的自由、免予恐惧的自由）。中国杰出的平民教育家晏阳初随后补充第五项自由：“免予愚昧无知的自由”。

曾国藩致友人书云：“国藩入世已深，厌闻一种宽厚论说、模棱气象，养成不白不黑不痛不痒之世界；误人家国，已非一日。”“二三十年来，士大夫习于优容苟安，揄修袂而养姁步，倡为一种不黑不白不痛不痒之风。见有慷慨感激以鸣不平者，则相与议其后，以为是不更事、轻浅而好自见。国藩昔厕六曹，目击此等风味，盖已痛恨刺骨。今年承乏团务，见一二当轴者自藩弥善，深闭固拒，若恐人之攘臂而与建业者。欲固执谦德，则于事无济，而于心亦多不可耐……”

周枚荪（字炳琳）教授20世纪30年代末掌中央政治学校教务，约请知名的大学教授到校作学术演讲。周曾说：“我们努力推进党化教育的工作……但要实现优良的党化教育，我们同时也要注意到教育化党。”

政治学者萧公权说：“成熟的学者当然可以（或者应该）问政。但学术、政治间的界限必须划清。他们同时具有两种身份，他们是国家的公民，也是学校的教师。凭着公民身份，他们可以论政，可以入党。但这些行动既不是教师分内的职务，他们不应当假借教师的身份去便利这些行动。”“倘使一个人把学校用为政治活动的地盘，把学生当作政治资本，把学术变成政治企图的幌子，这样他就有意无意地毁坏了学术的独立。”

王世杰在台湾做“中研院”院长，对蒋介石不肯屈服。蒋介石有时批个东西，王不能接受，退回给蒋，蒋气得撕掉，王捡起来，贴好了再送回去。蒋受不了王这一点。

史学家何炳棣晚年回忆小时候外祖母的身教言教，吃饭时，外祖母不止一次地教训何：菜肉能吃尽管吃，但总要把一块红烧肉留到碗底最后一口吃，这样老来才不会吃苦。何说："有哪位国学大师能更好地使一个五六岁的儿童脑海里，渗进华夏文化最基本的深层敬始慎终的忧患意识呢?!"

工程数学家易家训教授，1939 年毕业于中央大学。易尝与人言：一般的观察，20 世纪 30 年代中国大学的招生考试，以数学而言，交通（上海和唐山）、中央、浙大、武汉等大学的数学入学试题都比清华的繁难，但他们的题目有些是"繁"而"笨"(stupid)，不及清华的题目出得似"轻"而实"巧"。

梅贻琦 1941 年著文《大学一解》，倡通识教育。梅在文中云：通识，一般生活之准备也；专识，特种事业之准备也。通识之用，不止润身而止，亦所以自通于人也。信如此论，则通识为本，而专识为末……大学所以宏造就，所造者为粗制滥造之专家乎？抑为比较周见洽闻、本末兼赅、博而能约之通士乎？……

1939 年秋至 1940 年春夏之交，陈立夫以教育部部长身份三度训令西南联大务须遵守教育部核定应设的课程，统一全国院校教材，举行统一考试等新规定。联大教务会议 1940 年 6 月 10 日以致函联大常委会的方式，抵抗驳斥陈立夫的三度训令。此公函力争学术自由、反抗思想统治，措辞说理俱臻至妙。这封公函的执笔者为冯友兰。

“五四”运动后，北京大学本身却成了问题，蔡元培校长认为：学生们很可能为胜利而陶醉，他们既然尝到权力的滋味，以后他们的欲望恐怕难以满足，今后亦将不容易维持纪律。蔡元培校长辞职而悄然离开北京，临行在报上登了一个广告说：“我倦矣！杀君马者道旁儿，民亦劳止，汔可小休。……”

“五四”运动以后，北京大学的学生竟然取代了学校当局聘请或解聘教员的权力，如果所求不遂，他们就罢课闹事。他们向学校予取予求，但从不考虑对学校的义务。他们沉醉于权力，自私到极点。有一次，北大的评议会通过一个办法，规定学生必须缴讲义费。数百学生马上集合示威。蔡元培校长赶到现场劝阻，请他们服从学校规则。学生不听，涌进教室和办公室，要找人算账。蔡校长告诉他们，讲义费的规定应由他单独负责。蔡校长袖子高高地卷到肘子以上，两只拳头不断在空中摇晃，愤怒地向学生喊道：“你们这班懦夫！有胆的就请站出来与我决斗。如果你们哪一个敢碰一碰教员，我就揍他。”这位平常驯如绵羊、静如处子的学者，忽然之间变为了正义之狮。

20 世纪 20 年代末，蒋梦麟做教育部长，中央大学易长及劳动大学停办这两事与元老们的意见相左。吴稚晖到蒋梦麟的部长办公室问中央、劳动两校所犯何罪，并为两校讼冤。吴稚晖的看法是：部长是当朝大臣，应该多管国家大事，少管学校小事。吴稚晖用手指向蒋梦麟一点，严厉说道："你真是无大臣之风。"第二天蒋辞职，返回北大。刘半农教授闻之，赠蒋图章一方，文曰："无大臣之风。"

蒋廷黻晚年尝言，张伯苓办南开大学，是实干的教育家，但他对学生的智力似不太重视。张伯苓问经济学家何廉"统计数字"有何用，并对何廉说："你的方法常使像我这样的人用显微镜找象……所有的事我们都可以做，而无需去精研这些数字。"张伯苓又问人类学家李济："人类学的好处是什么?"李济感到不快，断然回答说："人类学什么好处都没有。"次年，李济离开南开。

蒋廷黻说：中国大学受外界影响沦为政治剧场，其程度如何，要看相关影响力量的消长而定。学校办得好，能够启发学生的求知欲，就会产生一种力量，使学生少受外界干扰，安心求学。反之，他们就会卷入政潮，荒废学业。中国最坏的大学就是所谓的"野鸡大学"，它们很少注意教育问题，专门去搞煽动、演说、运动，去拥护某一方面或去反对某一方面。

抗战时的重庆电力非常缺乏。灯光昏暗，但即使昏暗的电灯也是有限制的。在行政院院务会上，蒋廷黻提议采取日光节约时间，每年 4 月 1 日将钟拨快 1 小时。行政院长孔祥熙第一个表示反对，说从未听说过这种办法。财政部长徐勘谴责蒋廷黻干扰时间，破坏自然。后来，美国人提出了相同的建议，出人意料地又被采纳了。

历史学家蒋廷黻在行政院工作，深受“公文程序”困扰很多年。抗战中，他草拟改革办法，终于找出一句可以形容公文改革的恰当词句：“分层负责。”蒋廷黻以为他的改革方案“终于可以将中国的政府机构变成工作单位了”。方案提交院会，引起激烈争辩，孔祥熙不同意此议案，改革方案的讨论一变而为人身的攻击。事情演变的结果，不离中国一般的老套。第三者出面打圆场，最后使所有有关的人都保住了面子。方案表面上被采纳，实际上则成了具文。蒋廷黻后来说：中国行政的积弊由来已久，且大部分保留到现在，“绍兴师爷”的作风是，一旦把公文写好，工作就完了。公务员成为“公事必须经过的桌子”。

杨亮功，曾在美国读教育学，民国十七年在河南第五中山大学（河南大学前身）教过书。杨在回忆录里说，那时有一件事最令他头痛，即省府当局为施行新政，不断举行宣传运动。每次举行宣传大会，学校的几位主任就得带领学生参加，恭聆训话。某次卫生宣传大会，一位沙厅长讲演，他说：诸位要知道现在外国人发明了一种什么病虫。我们讲求卫生，必须打倒病虫。杨亮功向凌济东校长说："这些大学生，并非无知识者，带领他们去听讲，真是一种虐政。"

北大各科都有几位外国教员，学校开教务会议时多用英语。蔡元培做校长后，所有会议一律用中国话。外籍教授抗议，蔡元培校长说："如果我在贵国大学担任教授，是否因为我是中国人而贵国大学会议因而用中国话呢？"到了年度，蔡先生依约不续聘教学较差的几个外国教授，一位法国教授竟向法院控告，另一位英国教授竟要求英国驻华公使朱尔典与蔡先生谈判，蔡先生不理会。蔡先生认为一个国立大学教务行政，哪能受到外国人干涉呢？

蒋梦麟先生以学者从政，他在行政方面亦具有高度的智慧。蒋常说：要完成一件事，专靠肆应有方是不行的，必须具备三个步骤：一计划，二决心，三忍耐。计划之拟定是根据智慧与经验，既作决定，不应任意变更，但必须有忍耐而后始能完成其任务。

邹承鲁院士是西南联大的学生，20 世纪 60 年代轰动一时的人工胰岛素的成功合成，邹承鲁的贡献甚巨。记者访邹承鲁，问：抗战时西南联大条件非常差，学校也不大，为什么西南联大能够培养出那么多的人才？邹承鲁的回答非常简单，仅两个字：自由。

中央研究院首任院长蔡元培 1940 年 3 月 5 日去世，蒋介石“下条子”授意由顾孟余继任院长，以作为对曾是汪精卫智囊的顾孟余脱汪而来重庆的“酬报”。“介公下条子”，引起中研院评议员极大反感，评议员或以为“此项选举应以议员之自身意见为之，不宜有其他意见之影响”，或“不愿以研究院为酬勋（没有跟汪过去）的奖品”。1940 年 3 月下旬评议会开会，选出三位院长候补人：翁文灏，朱家骅，胡适。中研院学者不惜“忤旨”以拒选顾孟余为院长候补人之一，为使学术不受政治干扰树立一良好例子。而最高当局亦以搁置该案迟迟不加圈选为报复，至 1940 年 9 月 18 日才派朱家骅为代理院长，朱直至 1957 年辞职，始终仅为代理院长。

胡政之、张季鸾、吴鼎昌为《大公报》三巨头。时人说《大公报》是张季鸾的笔，吴鼎昌的钱，胡政之的经营。三人接收《大公报》后，立下“不党，不卖，不私，不盲”八字方针。

徐铸成 1942 年在桂林《大公报》总编任上时，陈布雷想让他入国民党，但胡政之和吴鼎昌不同意。当时吴鼎昌已是贵州省政府主席。吴鼎昌对徐铸成说：“不参加也好，置身局外，说话方便些。”胡政之也多次对徐铸成说过：“办报纸应该和政治保持一定距离。”

梅贻琦 1931 年清华校长就职演说中说：“一个大学之所以为大学，全在于有没有好教授。孟子说：‘所谓故国者，非谓有乔木之谓也，有世臣之谓也。’我现在可以仿照说：‘所谓大学者，非谓有大楼之谓也，有大师之谓也。’”美国著名的大学校长吉尔曼（Danile Coit Gilman）1872年开始筹设约翰·霍布金斯大学时，以为要办“好的大学”，必须有“好的教授”，大学的基础在“人”，不在“建筑”，所以他有一句三个字的名言：“Man，not buildings”。

傅斯年尝说：中国的许多事都是傻子办成的。储安平36岁在重庆办《观察》杂志时，他当时的个人生活条件非常好，当局也希望他出仕，但他以为“今日之士太慕功名，太希望从政，但是我觉得一个有为之士，他应当看得远，拿得定，做他最好的，以尽忠于他的国家。”储安平还是要办这本《观察》杂志。《观察》杂志的钱是集股而成，储安平当时的想法是：“赔光了就关门”。他的理想是“希望在国内能有一种真正无所偏倚的言论，能替国家培养一点自由思想的种子”。

蔡元培于民国七年为《北京大学月刊》撰发刊词，阐发他的“兼容并收之主义”之办学理念：“大学者，囊括大典，网罗众家之学府也。《礼记·中庸》曰，万物并育而不相害，道并行而不相悖，足以形容之……此思想自由之通则，而大学之所以为大也”。民国八年在答林纾的书信里再作阐述云：“一，对于学说，仿世界各大学通例，循‘思想自由’原则，取兼容并包主义……无论何种学派，苟其言之成理，持之有故，尚不达自然淘汰之命运者，虽彼此相反，而悉听其自由发展……二，对于教员，以学诣为主，在校讲授以无背于第一种之主张为界。其在校外之言动悉听自由，本校从不过问，亦不能代负责任……”

西南联大时期，有一天，北大校长蒋梦麟，从昆明到了当时还设在蒙自的西南联大文学院。晚上北大师生聚会欢迎，钱穆也去了。许多教授连续登台发言，说了联大的种种不公平。当时南开校长张伯苓和北大校长蒋梦麟都在重庆，不常来昆明，只有清华校长梅贻琦常住昆明。所派各院院长，各学系主任，皆有所偏。比如文学院院长就长期由清华冯友兰连任，北大教授很不满意，一时群议分校，争主独立。钱穆听了就起立发言：“此乃何时，他日胜利还归，岂不各校仍自独立。今乃在蒙自争独立，不知梦麟校长返重庆将从何发言。”钱穆说完，蒋梦麟立即起来插话：“今夕钱先生一番话已成定论，可弗在此问题上起争议，当另商他事。”教授们便都不说话了。

曹聚仁回忆录里讲道，20 世纪 30 年代新起的三家书店——北新书局、生活书店和开明书店，都带着书店老板的性格：“北新”如李小峰之深沉，“生活”如邹韬奋之活泼，“开明”如夏丏尊之持重，再加上章锡琛的精明。“生活”以青年为对象，“开明”以学生为对象；

自从开明书店登场，中国出版界，才有认真为学生着想的读物。书店要“牟利不忘文化”才好。

丁文江以为中国的军官教育太落后，教育的程度太幼稚，军官缺乏现代知识和现代训练。丁文江还以为孙传芳在军人里很有才，很爱名誉，很想把事情办好，只是近代知识太缺乏了。民国十四年，丁文江想助孙传芳给国家办一所很好的、完全近代化的高等军官学校，孙传芳听了丁文江的建议大笑说：“丁先生，你是个大学问家，我很佩服。但是军事教育，我还懂得一点，——我还懂得一点。现在还不敢请教你。”

胡适 1912 年在康奈尔大学留学，参加了进步党的多次政治集会，有一次在康奈尔大学举行，进步党党魁老罗斯福讲演赞助该党一位候选人竞选纽约州州长，好多教授也参加了。令胡适惊奇的是此次大会的主席，竟是本校史密斯大楼的管楼工人。这种由一位工友所主持的大会的民主精神，实在令胡适神往之至。

大约是在 1942 年，汤用彤找来庾信的《哀江南赋》，指着序中的其中一段对 15 岁的儿子汤一介讲：一个家族应该有他的家风，如果家风断了，那么这个家族也就衰落了。庾信写那篇文章的背景是他被梁派到北魏作聘问（外交工作），因为才华出众，被扣押在北魏做官。在这种情况下，庾信把怀念故土的意识写进了《哀江南赋》，希望自己的家风不要在他那一代断了。汤用彤让汤一介把这篇文章熟读，还给汤一介讲到他的祖父。汤用彤说他喜欢读《哀江南》和《哀江南赋》的原因，是因为汤一介祖父生前就喜欢读这两篇东西。汤用彤还给汤一介看祖父60岁的时候写的一段话："事不避难，义不逃责，素位而行，随适而安；毋戚戚于功名，毋孜孜于娱乐。"前一句话是说做事情不要怕困难，合乎道义的事情不要怕负责任，过很简单的生活，就可以随遇而安，减少苦恼。后一句话是说不要总是追求功名和安乐。汤用彤对汤一介说你记住这两句就可以了，以此来告诫如何做人。

教育家杨昌济早年到日、英、德等国学习。在英国，他广泛观察研究社会生活，大至言论自由、通信自由，小至公德习惯，如不说谎、不随地吐痰、不随便借别人的钱用别人的钱等。杨昌济十分赞赏"西洋人于小事亦分明有界限"的习惯。回国后，他曾认真实行"银钱上权限分明主义"。他在长沙湖南省立第一师范工作时，经常要过江授课，有时同船学生代他交了钱，事后他一定把船钱还给学生，并表示感谢。

教育家杨昌济在德国学习时，有一次他到德皇在波茨坦的离宫参观，得知这样一个故事：德皇威廉一世在位时曾嫌宫前的磨房挡住了视线，愿出高价收购，但磨房主人不肯，德皇便下令派人强行拆毁。磨房主人向法庭控告，法庭依法判决德皇重建磨房并赔偿损失。德皇不敢凌驾于法律之上，只好执行判决。杨昌济认为从中可以看出德国人尊重司法独立的精神，说出了“西人之尊重法则不屈于权势有若此者，乃东洋人之所未曾梦见也”的话。他参观完离宫后，特地购了张磨房的明信片，上面有磨房主人和德皇使者对答之状，旁记有对答之词。他很珍惜这张明信片，并携归保存以作纪念。

当年清华招生，就连清华本校梁思成、林徽因、冯友兰这样的大牌教授，德高望重的梅贻琦校长，他们的孩子，在投考清华时，也丝毫得不到特殊照顾。梁再冰是梁思成、林徽因的女儿。梁再冰考大学，第一志愿报了清华，却被与清华联合招生而分数线略低于清华的北大录取了。林徽因无论如何不相信爱女的考分竟够不上清华的录取标准。后来林徽因查了卷子，每张卷子都有一个号，梁再冰的卷子编号是“35003”——“35”指的是民国三十五年，即公元1946年。卷子上只写号，不许写名字。这样，作弊的可能性就微乎其微了。林徽因这才服了。哲学教授、清华文学院长冯友兰的女儿宗璞也因考分够不上清华分数线，只好在第二志愿南开外语系念了一年，1947年才以同等学历考上了清华外语系二年级。清华德高望重的梅贻琦校长，他的女儿梅祖芬，与梁再冰、宗璞同年去参加清华的招生考试，考分也没有达到清华的分数线，只好在清华的先修班读了一年，第二年考入清华外语系。

蒋百里尝曰：办差的目的，就是只求上官一时的欢心，东拼西凑来敷衍一时，事后就一切不管。这是世界上最不经济的最难持久的一件事。

王照与康有为同为戊戌维新“救亡”人物。30 多年后王照回忆说：“戊戌年，余与老康讲论，即言‘……我看只有尽力多立学堂，渐渐扩充，风气一天一天的改变，再行一切新政。’老康说：‘列强瓜分就在眼前，你这条道路如何来得及？’迄今三十二年矣。来得及，来不及，是不贴题的话。”王照说自己“三十年拙论不离普及教育”。他还与胡适说：“下面没有普及教育，上面没有高等教育，明白人哪里来？”

近世学者王照，痛感当时中国人中“聪明人”“把利害看得太明白”的人太多，而找不出几个肯说实话的“傻子”，他在《贤者之责》一文中疾呼：“朋友，朋友，说真的吧！”胡适后来在《小航文存》序中说：“‘说真的吧’，这四个字看来很平常，其实最不容易，必须有古人说的‘贫贱不能移，富贵不能淫，威武不能屈’的精神，方才敢说真话。在今日的社会，这三个条件之外，必须还要加上一个更重要的条件，就是要‘时髦不能动’。多少聪明人，不辞贫贱，不慕富贵，不怕威权，只不能打破这一个关头，只怕人笑他们‘落伍’！只此不甘落伍，就可以叫他们努力学时髦而不能说真话。王先生说的最好！”

吴宓《雨僧日记》1919 年 12 月 14 日记录了陈寅恪论中西文化的话：“中国之哲学美术，远不如希腊，不特科学为逊泰西也。但中国古人，素擅长政治及实践伦理学，与罗马人最相似。其言道德，惟重实用，不究虚理。其长处短处均在此。长处即修齐治平之旨，短处即实事之利害得失，观察过明，而乏精深远大之思。故昔则士子群习八股，以得功名富贵，而学德之士，终属极少数。今则凡留学生，皆学工程实业，其希慕富贵，不肯用力学问之急则一，而不知实业以科学为根本。不揣其本、而治其末，充其极，只成下等之工匠。境遇学理，略有变迁，则其技不复能用。所谓最实用者，乃适成为最不适用。至若天理人事之学，精深博奥者，亘万古、横九垓而不变。凡时凡地，均可用之。而救国经世，尤必以精神之学问（谓形而上学）为根基。乃吾国留学生不知研究，且鄙弃之，不自伤其愚陋，皆由偏重实用积习未改之故。此后若中国之实业发达，生计优裕，财源浚辟，则中国人经商营业之长技可得其用，而中国人当可为世界之富商；然若冀中国人以学问、美术等之造诣胜人，则决难必也。夫国家如个人然，苟其性专重实事，则处世一切必周备，而研究人群中关系之学必发达。故中国孔孟之教悉人事之学，而佛教则未能大行于中国。尤有说者，专趋实用者则乏远虑，利己营私，而难以团结，谋长久之公益，即人事一方亦有不足。今人误谓中国过重虚理，专谋以功利机械之事输入，而不图精神之救药，势必至人欲横流，道义沦丧，即求其输诚爱国且不能得。”

当年商务印书馆出版了王云五主编的“万有文库”。山东省教育厅长王寿彭不读新书，但他仍然建议山东省主席韩复榘以公款购置发给省内中小学；韩复榘不读书，但他还是接受了王寿彭的建议。

20 世纪 50 年代，钱锺书任清华大学外文系教授，他开始对某些“新生事物”感到不能适应：新社会为什么总是开会，学生们为什么除了闹革命就是对文学没有兴趣。他开始在清华养起了猫。他半夜起床帮着小猫打架。另一只猫是邻居林徽因女士家的，是她一家人“爱的焦点”，杨绛担心丈夫为猫而得罪人，便引用他自己的话劝他：“打狗要看主人面，那么，打猫要看主妇面了！”钱锺书笑说：“理论是不实践的人制定的。”

1957 年 4 月 27 日，化学家傅鹰教授说：“石油学院的老干部有一条公式：我是老党员，你是群众，所以，你是错的。这还有什么可说。石油学院的年轻党员，指指点点，我应该如何如何做研究。受不了。他们要跟我谈学问，还得先学五六年，还要下苦功学呢。在石油学院我跟两个小孩一起教普通化学，我根据多年经验，建议把某个教学次序倒转一下，那两个小孩不听，非要照格林卡（按：是苏联教本）的讲。你不听有自由，但反过来却在校刊上批评我学习苏联不积极。其实，我一个人看的苏联文献比全石油学院的教授看的还多，他们只看过一个格林卡。”

1957 年 4 月 29 日，化学家傅鹰教授说：“学校里至今没有建立学术风气，衙门习气比解放前还浓厚。在教学、做研究方面，教授的把握最大，教授应对学校的一切有发言权，应尊重他们的意见。解放以来，教授没有地位。留哪个毕业生做助教是由人事处决定的，全凭政治水平，入选的机会，党员比团员大，团员比群众大。……人事处的毛孩子，有没有‘术’不知道，‘不学’是定了的。不学的人在学校作主，何堪设想？……现在是长字辈的吃得开，后果何堪设想？当长，什么人都可以，摆一块木头在那里，它也能当长。但木头不能讲课。当长等于穿一件衣，穿了脱了都无所谓的，长与学问并不成正比……”

1957 年 5 月 13 日，教育部长张奚若教授说：有些人知识水平底，经验不足，为了解决问题，想不出办法，就搬教条，搬苏联经验，依靠教条解决问题。对某些党员来说，教条成了他办事的唯一蓝本。教育部许多工作没有做好，教条主义之害实在是“大矣哉，大矣哉”。

20 世纪 50 年代，向苏联学习，北师大在苏联专家领导和指导下进行教改。课程设置，什么课要，什么课不要，都是苏联专家说了算。历史系有“历史文选”一课，苏联专家硬说这个课没有科学体系，不能开。一块讨论课程设置的中文系教授李何林先生最能提意见，凡他不同意的他就提出来，有时和苏联专家针锋相对地争，争得面红耳赤，他毫不在乎。苏联专家说他“刺头”。

1957 年 5 月，法学家、北大教授王铁崖说：学校“多的是官僚主义，少的是学术空气。”“学术界、教育界出现了那么多怪现象：有那么多的头衔，而且受到那么样的重视，实在令人诧异。好像值得人重视的不是文章、道德，而是职位头衔。”“社会上也有这种风气。明明是科学家、教授，报纸上总想法给他挂上个什么‘长’，什么‘主任’。有的报纸还出现过某某教授升为系主任的字样，真是闻所未闻，连‘教研室主任’也成为头衔登到报上，更是莫名其妙。我认为这种现象是不健康的，这不仅损害了学风，而且也糟蹋了科学家”。王先生还呼吁：“肃清官风，发扬学风！”

匡亚明当吉林大学校长时，盖了一幢“教授楼”，一位总务处长分到了其中的一套，拿到了钥匙。匡知道后，立即打电话把那位处长叫来，严肃地说：“这幢楼一开始盖时我就说是‘教授楼’，是应该分配给教授的。你不应该近水楼台先得月。我不是说你的房子已经很好不应该住，但住这个楼不行。你把钥匙交出来，以后盖房你再搬。”

做过三联书店总经理和《读书》杂志主编的沈昌文，尝言出版，说：我做出版，就是这么简单，强调文化第一、质量第一、人脉第一。把这三个东西贯彻进去，出版工作做起来就比较顺手，比较有兴趣。沈昌文又说：理想的出版社领导人，是：有经营头脑的文人或有文人理念的商人。

出版家沈昌文老先生夸赞晚辈常用的一句话是“有古君子之风”。识者或云：沈先生认同的“古君子之风”，是纯朴、坦诚、推己及人、见贤思齐、见不贤自省、老者安之、朋友信之……这些本着常识的品行。

胡适1958年秋返台湾任“中研院”院长，住台湾大学的宿舍，在南港也住公家宿舍。胡太太爱打麻将，胡适特意在台北市区和平东路温州街附近购房，以备他出国期间，给他的太太居住。因为傅斯年留下规矩，公家宿舍不准打牌，胡适说这是“傅孟真先生给‘中央研究院’留下来的好传统”。

季陶达1949年后到南开大学教经济史。1960年春天，系领导组织一些尚未学过“经济学说史”课程的学生和几位教师，审查季先生和几位同事合编的这门课程的讲义。学生的审查意见就是：尽量删，删，删。最后删得只剩马、恩、列、斯四个人的，其他一切“非无产阶级”的东西全不要。季先生当然不同意，但上面有领导，下面又有群众的“统一”意见，季先生虽不同意也得服从。季先生后来说：这真是一件在古今中外教育史上很难遇见的怪事，尚未学过这门课程的学生居然可以审查这门课程的讲义，居然可以不顾科学本身的完整性，任意斩头截尾，弄得非牛非马。

历史学家程应镠在上海一所高校教书，20 世纪 50 年代中期讨论百家争鸣，程先生在一个会上发表了一点意见，说：学校现在权威太多，党委书记是权威，校长是权威，一级一级的领导，都是权威，只有教授不是权威。真正的专家、各门学科的教授只能在这些权威下面喘息。主持会议的一位校长颇为严肃地问程先生：你是不是说不要校长！后来程应镠先生就被划作了右派。

匡亚明 20 世纪 50 年代中期到吉林大学任校长。匡与副校长刘靖亲自去北京聘请著名古文字学家于省吾教授来校。于先生提出应聘的三个条件，其中之一是不参加政治学习。这样的条件，在当时的情况下，是很难被接受的。但匡亚明还是毅然同意。于老被匡亚明求贤若渴之情所感动，欣然应聘。

20 世纪 60 年代中国与原法属非洲国家的交往日益频繁，1964 年中法建交，对法语人材的需求量激增。应教育部要求，匡亚明校长将南京大学法语本科扩招，当时既无教室，又缺师资。匡亚明决定在暑期中赶搭起三栋简易平房，在一个月内将校部机关从庚字楼等三栋楼房中全部迁至平房，庚字楼等改造为教室。有些干部私下嘀咕。匡亚明说："为什么我能到简易房办公，你就不能去？我有言在先，只要我当一天校长，就要把好房子供教学科研第一线使用。"匡从1964年至"文革"骤起，从复出至1982年辞去南大校长职务，校部机关一直在三排平房办公，而他的校长"官邸"，是只有10平方的简易旧房。

匡亚明做南京大学校长，主持南大校政校务，南大的住房分配方案没有副处级比讲师高半分、副校级比教授多十几个平方米的内容。匡亚明一批一批地评教授、副教授，他在任期间没有为自己先捞一个教授的头衔；匡亚明一批一批地建房子，他至死住着省里的房子，没有占学校的房子；匡亚明把程千帆等先生请进南大，除了工资每月另加100元津贴，他没有为自己先搞特殊津贴。

陈国柱早年留学日本京都帝国大学，攻读民法学，获法学博士学位，曾任早稻田大学法学部教授，1942年回国工作。1952年，中国大陆开始了司法改革运动，司法系统清除"旧法"人员。于是，陈国柱先生开始卖菜度日。有一天，他正在沈阳街头拉车赶路，突然有人喊他名字，"你是陈国柱吗？""是。""那你愿意教书吗？""当然愿意！""那你到长春的东北人民大学法律系报道吧！"踏破铁鞋寻找陈国柱先生的是时任东北人民大学（吉林大学前身）法律系系主任的马起先生。马起先生抗日战争时期曾经任陕甘宁边区政府的司法局局长，是著名的“马锡五”审判方式的发现者和推广者。于是陈先生又开始了教学生涯。

蒙元史名家翁独健先生的长女1957年高中毕业后没有考取第一志愿清华大学建筑系，而为第二志愿的天津大学录取。女儿大哭，认为凭爸爸做北京市教育局局长的关系，能走走门路让她上清华。翁先生对女儿说：“正因为我是教育局局长，更不能那样做。”转述此故事者，后来说：翁先生长女是在红旗下长大的，花季少女怎么会有了“走后门”的概念呢？因为“新中国建立后，清华大学一概拒绝考生加分的办法已悄然起了变化”。

梅贻琦先生到台湾，任“教育部长”时，在交接典礼后曾对部内同仁说：希望“教育部”同仁要时时刻刻想到“教育”两个字，而不要时时刻刻想到“部”这个字。因为“教育”是工作，“部”是机关，如果只想到“部”这个字，便容易形成“坐衙门”的官场现象；如果只想到“教育”这两个字，便会知道专心办教育而无所旁贷，使“教育部”成为一个受人尊敬的、富有学术气氛的机关了。

20世纪80年代，不少领导人常说：无农不稳，无工不富，无商不活。后来又有人加了一句：无兵不安。

冰心女士发问：无士则如何？某先生答曰：无士不兴！

《人民日报》总编辑范敬宜去世，副总编梁衡撰文送别范敬宜，文云："范敬宜继承了中国报人的正宗一脉，警醒于政治，厚积于文化，薄发于新闻……"梁衡又云："《人民日报》十多位总编，自邓拓之后，才学堪与其比者唯老范一人；范仲淹倡'先忧后乐'已千年，我身边亲历亲见，能躬行其道的新闻高官，唯老范一人。我只有用《岳阳楼记》的最后一句话来说：'噫！微斯人，吾谁与归？'"

1997 年春天—2014 年秋天

附卷　在书林里散步

书，或者影视，或者音乐……肯定是有可能对一个人的生活和人生发生意义，产生作用的。

此刻，我想说一说的是阅读。

一个人在这个世界上生存和生活，就得有生存和生活的“技术”和“智慧”。这“技术”和“智慧”有的是来自自己的探索，这就是“直接经验”。但“吾生也有涯”，而“知”则无涯，不可能样样都自己去“直接经验”，都从头做起，别人的探索所得，也可以拿来为我所用（前提当然是得尊重“知识产权”），这就是“间接经验”。或者有的情况下，也可能是“直接经验”和“间接经验”的“嫁接”。套用中国古代哲人孔子的“话语”来表述就是：学而不思则罔，思而不学则殆。

“间接经验”从哪里去求得呢?

“三人行，必有我师”——向实践学习、向旁人学习，这是一条或几条途径；

而更多的可能还是得向“书本”（包括杂志和“电子图书”）学习。因为“书本”承载了从古代到当代的人类文明的果实。

记得20世纪90年代的最初几年，我们的社会上弥漫着“文化无用”的气氛。生活于其中的我，也曾感到过一些困惑。好在我不是一个爱走极端的人，也可能是我骨子里的“中庸”气质和“怀疑主义”的倾向，所以即使“文化高潮”的年头，我对“文化万能”的“表象”也有一点儿“怀疑”，“怀疑”其中是有文化人的一些幻象在里头的；而到了“文化低谷”，身处其中，我的困惑也没有使我偏离我原来的“轨道”。而更重要的是，这时，我读到了北京师范大学中文系教授王富仁先生的一篇论文：《文化危机与精神生产过剩》。这篇论文原发于《文学世界》1993年第6期和1994年第1期，我则是从《新华文摘》上读到的。我不知道撰写20世纪90年代中国学术思想史的学者会怎样来评述王先生的这篇论文，至少对于我，这是一篇产生了很大的影响的论文，它使我更好地了解了我们的时代，了解我们时代的文学、文化和社会，使我虽然“身在此山中”而能够跳出某一个文化时段的视野限制。这篇论文在开头部分诚然引用了马克思政治经济学著作关于现代社会的“经济危机”的概念，但“引子”过去，进入“正文”，王先生对我们这个时代的中国社会的“文化危机”的探讨，充满了深刻的洞察力和广阔的哲思。多少年过去了，我们这个社会的“文化”也走出了那一段“危机”，回头去看，愈加见出王先生这篇论文的高屋建瓴的思想力度和智慧。而在我们今天这个文化回升的时刻，在走向新的文化繁荣期的时刻，重读王先生写于十多年前的这篇论文的一些片段，仍然可使我们温故而知新：

> ……假若仅仅从文化发展的自身规律着眼，文化繁荣期恰恰应是学术性或艺术性加强的时期，通过繁荣期知识分子的努力，一种或几种文化学说或创作倾向的内部潜力被充分挖掘出来，并使它们走向成熟和健全……但在中国，情况却并非如此，或者说并不完全如此。往往是在文化的繁荣期，精神产品的学术性降低，审美趣味下降，为中国的文化发展留不下更多的优秀成果……
>
> 这是为什么呢？
>
> 在这里，我们需要更细致地检查我们的文化观念。我们曾经说，文化实际是社会思想或情感的交流形式，但在中国古代社会，文化主要指的是古圣先贤的伦理道德学说，是广大知识分子赖以进入政治统治集团的阶梯，它还标志着人们的一种身份和地位。从春秋战国之后，文化的交流意识便逐渐淡漠下来，而代之而起的是与道德意识、权力意识结合在一起的教化意识。教化意识的发展，从根本上破坏了表达者与接受者之间的平等关系，破坏了彼

此加强理解的可能性。……这种教化意识在中国近现代文化发展中起到了极大的破坏作用。在回升和发展期，少数的文化先驱面临着强大的社会压力，交流的愿望仍是他们的主要愿望，但到了繁荣期，知识分子在社会上有了很大的影响力，这种教化意识便有了增长的土壤。在这种意识支配下，开始有越来越多的知识分子不是在提高学术水平和艺术水平上用力，而只想躺在一种有影响的现成学说上取得文化的制高点。他们的目的不是努力取得本民族更多成员的理解和同情，而是为了获得更多人的尊敬和崇拜。对别人，他们则耻于理解，常常以挑剔别人的弱点以满足自己的虚荣心。在他们的文章中，开始掺入了越来越多的恐吓性语言和羞辱性语言，从而把论敌和更多的接受者置于屈辱的地位，增加了接受者的心理抵抗力。这种倾向的侵入，使社会的文化交流在彼此并没有充分发掘各自的思想潜力和艺术潜力时便及早中止了。与此同时，整个社会的教化意识又往往把本民族的文化繁荣视为知识分子争夺教化权的斗争，从而加强了对文化发展的抑制力……

请原谅我在这儿做了一回“文抄公”。由于此刻我手头没有那一期的《新华文摘》，引文是取自广西师范大学出版社 1999 年 1 月出版的《王富仁自选集》。王先生作出了上述的分析后，在这篇论文里就“中国知识分子”的“主观能动性”的发挥，提出了他的看法——

> 在文化繁荣期坚定不移地坚持平等交流的原则，坚持对论敌的充分理解，坚持理性的或审美的原则，坚持不借助非思想性的或审美手段迫使别人信从自己，坚持以自己的语言与自己假想的读者对话并尽量获得他们的同情，坚持不以文化的手段实现非文化的目的，并且以同样的态度注视文化发展的动向，不仅仅以观点的异同而且以从业的根本规则衡量文化现象……

王先生的这篇论文，在“道”这个层面上，帮助我更好地了解了我们的时代，了解我们时代的文学、文化和社会。在那时，这一篇论文把我带入了豁然开朗的新的意境。如果说，20 世纪 70 年代末期至 80 年代中后期（1978 年—1989 年），中国社会的思想、学风和出版大活跃，可以看作是继“五四”以后的现代中国的第二个文化交流和建设的高潮期的话，那么，我有幸在 20 世纪 80 年代的北京师范大学念书，经历了那一段“狂吞豪饮”的读书时代，则真是福分。而毕业以后到杭州工作，远离当时的文化中心，即使是在文化的低潮时期，我也仍然没有废书不观，这固然有我个人的性格和趣味在起作用，而王先生的这篇论文，也对我产生了很大的影响，尤其是在 20 世纪 90 年代的最初几年。工作之余的持续的阅读、思考和积累，我有所感有所思，于是陆陆续续地写了一些阅读札记、论文、散文随笔和书，表达个人在这个时代里生存和生活的一点儿心得（我在《中国图书评论》上发表读书札记也正是从那时候开始的，从那时与《中国图书评论》杂志结缘一直到现在）。

王先生的这篇论文不只是对我个人的阅读和写作产生了影响，而且也正是从那时开始，我对自己所从事的教育专业报刊编辑工作的“交流性”有了更开阔的理解（而对哈贝马斯的著作，也因此有了更深入的认识），从而顺利完成了编辑理念上的转变：教育专业报刊编辑工作由孤高的“知识精英姿态”转向平和的“公共媒体的姿态”，由原先的以编辑和名家为中心转向以读者和传播为中心，“坚定不移地坚持平等交流的原则”，从采编“理念”到采编“姿态”到采编“技术”，从主持《浙江教育报·月末版》到主编《教育信息报》“招考就业”等新办专刊到创办并主编《教师周刊》，从版面选题策划到以报纸为平台开展专业的服务活动，都坚持教育专业媒体的特性。这也使我自己深感安慰。作为部分采编工作的一点儿小结，我的一篇关于新闻的“写法”的札记，在上海的《新闻记者》杂志上发表后，被中国人民大学报刊复印资料系列的《新闻与传播》转载。另一篇关于“时评”的札记，发表于《新闻采编》。而这段工作和思考的起点，并不是得自新闻传播的专业教材或著作，而实在是来自对王富仁先生的这篇《文化危机与精神生产过剩》论文的阅读。这也使我更确信：各个门类的学问是可以相通的，思想也是可以打通的（当然“相通”也罢，“打通”也好，这都是得有条件和前提的）。所谓“转益多师”也是可以用在阅读上的啊。我也不太相信，一个没有“阅读生活”的人，是可以做好采编工作——尤其是教育专业传播媒体的采编工作的。除非他真是“不学而能”的世不二出的大天才。

从真正意义上可以独立阅读的中学时代开始，到今天，我的阅读生活有了将近30年的时间了。30年来，给过我各种帮助，有形和无形的帮助的读物，借用杜甫的话讲，也可以说是“破万卷”了。古代的、现代的、中国的、外国的，经典的和尚未进入经典行列的，文学的、史学的、政治学的、经济学的、教育学的……譬如《论语》《世说新语》、莎士比亚戏剧作品、罗曼·罗兰《约翰·克利斯朵夫》、黑塞《荒原狼》、卡内蒂《迷惘》、奥威尔《一九八四》、洛克《政府论》、托克维尔《论美国的民主》、约翰·密尔《论自由》、麦迪逊等《联邦党人文集》、戴雪《英宪精义》、亚当·斯密《国民财富的性质和原因的研究》、熊彼特《资本主义、社会主义与民主》、伯林《自由论》、塞缪尔·亨廷顿《文明的冲突与世界秩序的重建》、斯塔夫里阿诺斯《全球通史》、安格斯·麦迪森《世界经济千年史》、梁启超《李文忠公事略》、陈垣《励耘书屋丛刻》、严耕望《治史三书》、费孝通《乡土中国》、谭其骧《长水集》、黄仁宇《万历十五年》、唐德刚《晚清七十年》、何炳棣《读史阅世六十年》、李山《先秦文化史讲义》、程念祺《国家力量与中国经济的历史变迁》、钱锺书《旧文四篇》、宗白华《美学散步》、勃兰兑斯《十九世纪文学主潮》、保罗·亨利·朗格《十九世纪西方音乐文化史》、储安平《英国采风录》、迈克尔·埃默里等《美国新闻史：大众传播媒介解释史》、戈公振《中国报学史》、张季鸾的政论时评、曹聚仁的采访诸记、徐铸成的办报回忆、叶公超的书评文评、陈从周的说园小品、黄裳的文史散文、董乐山的译余札记、张五常的经济学随笔……带给我的阅读的新的经验和帮助，真是历历如在眼前。而有的往往不是长篇巨著，倒是一篇论文或论文里的某一节文字、某一段材料或某一个结论，给我带来很多的启发，譬如顾明远教授发表于《北京师范大学学报（社会科学版）》2004年第1期的《论苏联教育理论对中国教育的影响》一文，从文献征引到过来人的亲历亲见，出入于教育内外而论中国教育，果然别开生面，借用清人章学诚《文史通义》中源于《易经》的史学评论术语可说是既“方以智”且“圆而神”：神以知来，智以藏往。这是只有把教育及中苏教育都真的弄明白了的人才有可能写得出来的深入浅出的比较教育学和教育史学的好文章。再譬如谭其骧教授发表在1986年第2期《复旦学报（社会科学版）》上的论文《中国文化的时代差异和地区差异》，题目虽大，而内容扎实，运思新颖而风格沉雄，虽仅万言，又岂止是中国历史文化地理研究的指导性文献，在那个“文化讨论热”的年头，这篇论文不啻是学术研究的一服清凉剂。而这篇论文以学问为依靠所内含的“具体化”的思维方法，正与我的性情相合：不作“一刀切”，慎下“全称判断”，这又岂止是学术研究啊，从为人处世到文化探讨，这都是我们该遵循的原则啊！

阅读这个题目，不是一个三言两语就可以讲完的话题，但作为一篇短文，本文该结束了。我权且引录我前些年由江苏教育出版社出版的读书随笔集《书林意境》里的自序的一段话，来作结尾——

> 我喜欢读杂书，读的书虽以人文社科为主，但也还有其他方面的一些书，譬如科普读物，譬如科学史著作等……读书给了我帮助，这是没有疑问的。这个帮助……有两个层面，看得见的是“有用之用”，譬如对编辑工作、对写作的帮助；不大容

易看得见的则是“无用之用”，这个帮助，借用钱理群先生的话来讲，就是打下“精神的底子”。这两层“用”，在我其实是不太容易分得开的。我略感安慰的两点是，这些年来的读书，没有被书压垮，没有在书林中迷失，而是多少有些心得；同时，也不是仅注意书的“有用之用”而忽略了书的“无用之用”。……

学　记

（一）

将近30年前，我在北京师范大学中文系读书。那时，聂石樵先生给我们讲授先秦文学史。聂先生讲课，要言不烦，条理分明，点到为止，不发挥。聂先生给我们讲的先秦文学，内容和结构与教育部统编教材不一样，踏实中见出新意（现在想来，这应当是他后来出版的《先秦两汉文学史稿》的一个蓝本）。我的一个同学曾问他古典文学作品有很多还“活”到今天，这是不是“现实主义的胜利”？聂先生说，分析中国古典文学作品要从作品实际出发，不要生搬硬套概念。先生“双目如炬，精光灼灼”。至今思及，犹在眼前。我们读书时聂先生出版的《楚辞新注》等几部书，简体字横排，后来出版的《古代小说戏曲论丛》、《先秦两汉文学史稿》等著作，则均以繁体字竖排的形式来印行了。先生亦雅人深致矣。

（二）

我们的两汉文学史是韩兆琦先生讲的。韩先生身材魁伟，声若洪钟。韩先生讲课，磅礴古今，放言无忌，有自铸伟辞的气魄。先生讲两汉散文的流变，来龙去脉，前后特征，清清楚楚，大具史识。他讲《史记》，熔铸进自己的社会人生体验，讲到酣处，直不知是韩是迁。我们读书时，韩先生已出版《史记选注集说》、《史记评议赏析》、《汉代散文史稿》（此书和吕伯涛合著）等著作。韩先生给我们讲课，推荐我们阅读日本汉学家泷川资言《史记会注考证》，但已很不满意，发愿要做一部新注新证。20多年后，先生撰著的集大成而开新意的思精虑周的9卷本数百万言的扛鼎巨著《史记笺证》终于面世。30年前，聂、韩诸先生还是“年富力强的中青年学者”，如今都已年届八十了。我购买《韩兆琦〈史记>新读》，是想从中寻找韩先生当年讲课的风采。这部“新读”，由北京燕山出版社2007年7月出版，是韩先生在北京电视台“中华文明大讲堂”的电视讲座记录。当年于丹首开以电视这一传媒方式来传播中国文化经典的风气，学院派教授和传媒人联动，功莫大焉。

（三）

我们的古代汉语必修课是由曹述敬、张之强、许嘉璐诸先生讲授的。三位先生那时还都是副教授。曹先生是“朴学”，他那时还给学校新创办的出版社审稿。张先生讲课不疾不徐，声音有磁性，神态舒朗。许先生讲课，风格俊逸。曹先生著《钱玄同年谱》，我后来写《扫雪斋主人：钱玄同传》，从曹先生所著的年谱里获益甚大。大学毕业后，每读许先生的语言学著论，总会想起先生讲课的神采。许先生后来和弟子一起系统整理研究了瑞安孙诒让先生的著作。

（四）

我们读大学时，有一条不成文的规矩，副教授及以上职称者，称先生；讲师及以下职称者，称老师。谢思炜老师虽是青年讲师，却有老派先生的范儿。谢老师给我们讲两宋文学史，他讲课细密，有新意而不蹈空凌虚，好引证宋元笔记和诗话，尤推崇宋人范温《潜溪诗眼》。他常常会告诉我们哪一本古代笔记或诗话很重要，好处在哪，要我们课后去找来看看。我喜读宋元笔记，得感谢谢老师的指点门径。谢老师是“文革”结束后招的第一届大学生，他教我们时，硕士研究生毕业不久，他的学位论文是关于吕本中与《江西宗派图》，发表在《文学遗产》上。他曾经翻译了铃木大拙的禅学著作，列入“新知文库”在三联书店出版，我有过这部书，被人一借不还。谢老师后来又从启功、邓魁英先生读古文献学博士，学位论文做白居易《白氏长庆集》，受唐基金资助由中国社会科学出版社出版。我前几年给《西湖》杂志写专栏，其中写白居易，就引用了谢老师这部著作里的一些说法。

（五）

郭英德老师也是硕士毕业留校不久的青年讲师，主要给我们教授元明清文学史，几年后他考上了启功先生的博士生。郭老师讲课有贯通的意图在里面。宏通的大历史观照，淹博，并能引入当时刚刚时新的西方现代文论来结构文学史和释读作品，这一些可能是郭老师讲课或治学的主要特点。那个时候新引入的西方文论概念，还没有定译，郭老师上课喜欢以“本文分析”方法来分析“本文结构”，解读中华古代经典。郭老师常说的“本文分析”、“本文结构”后来通译作“文本分析”、“文本结构”。前些年我在网络上读到郭老师写的一篇关于北师大中文系古代文学和古典文献学学术史脉络和学术传统的文章，我当时想，郭老师、谢老师都是这个源流之中的传人，且能够为这个源流增添新的价值。

我对元代文学和文化的别有兴趣，主要是在郭老师的课上建立起来的。后来我写《蓟门黄昏：元史随笔》一书，郭老师的课和他的《元杂剧与元代社会》等著论，给了我很多的教益。当然如果我写的书里存有疏漏，这肯定不是郭老师的原因，而是由于我的理解、我的知识还不够，做的功夫还不够深。

（六）

何乃英先生教我们日本文学。何先生讲课平舒和畅，可能何先生性格比较温和吧。何先生给我们开课前曾在早稻田大学研究生院研修日本文学三年。他的课，内容平实而丰富。何先生讲课，给我们做了一个中日文学大事的纪年对照表。他经常会在课上把汉译日本文学作品里删去的部分给补译出来，把教材里不讲的内容补充给我们。何先生精通日语，翻译了一些日本文学作品。何先生的兴趣可能很广，还翻译过日本学者写的文化著作，我买过一本日本汉学家白川静写的《中国古代民俗》，也是何先生翻译的，陕西人民美术出版社出版。白川静的关于汉字、《诗经》的著作，近来又出了中译本，据说销得还好。

（七）

刘象愚老师教我们比较文学。刘老师和李清安、舒昌善均为“文革”后社科院招的首届外国文学研究生，分别专攻英美文学、法语文学、德语文学，毕业后一起到我们系任教。那时和学生走得很近的蓝棣之老师说：李清安最有才气，舒昌善最严谨，刘象愚最认真。刘老师在课上，对比较文学里新起的阐发研究最有发挥。而我的一篇作业反而说互为阐发的两者或数者因各自的文化语境等的差异，互为阐发可能会不得其解。我是文章做好了，才明白文章该怎么做。我的这个作业是迷失于局部，而忽略了阐发研究的大流和要义。那个时候，国门初开，欧美文化蜂拥而至，包括“新批评”在内的各种西方文论纷至沓来，三联书店出版了其中的一些著作的中译本，内有刘老师翻译的美国“新批评”大师韦勒克等著的《文学理论》，我也曾阅读过，获益甚多。但到后来的“文化研究”如赛义德的“东方主义”时，就常常读至未半即废卷。大约 10 年前听说刘老师翻译了乔伊斯的“天书”《尤利西斯》，还加了许多注。报章说这个译本如何有特色，我想买来看看，书店里没见到有这部书，时过境迁，对《尤利西斯》的兴趣渐淡，终未找来阅读。

（八）

刘锡庆先生教过我们当代文学。刘先生讲课，当代文学作品尤其散文作品，如数家珍，娓娓道来。刘先生于散文文体研究用力最多，以为散文文体须作规范、辨析和净化，“弃类成体”。刘先生把“艺术散文”视作散文的“本体”，其他则为散文的“变体”。刘先生的《当代散文：发展轨迹、分“体”考察和作家特色》一文，我读后的感觉是大含细入，高屋建瓴，举重若轻，境界开阔。这是刘先生的代表作，也是近数十年来中国大陆散文研究的代表作。我 1992 年发表的讨论黄裳散文的论文，就借用了刘先生提出的“艺术散文”概念，这篇论文发表后被人民大学报刊复印资料《中国现代当代文学研究》转载，还小小的兴奋了一下。1999 年以来，我每年为浙江省作家协会撰写一篇浙江散文年度述评，刘先生著作《散文新思维》给我启示尤多。刘先生拈出散文的“本体”“变体”“正体”，这是有分寸的。假若持论太苛，只以散文的“本体”为散文，则这个散文的概念恐怕排斥性太强、缺乏弹性。一种排斥性太强和太生硬的文体概念，未必有益于这个文体的生长。创新往往是从边缘开始发生而向中心作运动，中心也需要和边缘作互动以生生不息。

（九）

赵明节是我大学同学，不同班，他二班，我一班。明节兄大学时对中国古典文献，尤其是《史记》《汉书》等“前四史”下过功夫。他毕业后到出版社工作，责编了在大学和社会上均产生广泛而深刻影响的《大学人文读本》三卷。编这套读本，编委会数次来杭开会，我因此有缘和明节兄在西湖的春夜把酒共叙。有的编委如谢泳，早有文字之交，现在由明节兄搭桥，得以相聚小酌，快如之何。明节兄后来又策划编辑了《大学精神档案》五卷、“大学名师讲课实录”丛书等，均有大影响。策划“大学名师讲课实录”丛书时，蒙明节兄垂问作者人选，我提供了一份人选名单，包括文史哲以及社会学、经济学、教育学、心理学等门类。后来这份名单上的不少人选的“讲课实录”面世，我想也许我为明节兄策划编辑的这套丛书也作了一点儿贡献，深以为荣。去年为一位朋友出书事和明节兄通过几次电话，忽忽又是一年了。明节兄兼有深厚的人文修养、敏锐的学术眼力和灵活的市场头脑，练出了图书策划、组稿、编辑、推广和销售的全套本领。我遥祝明节兄安好。

（十）

郝诗仙是我大学同学，同班。诗仙兄读大学时已显露古典文学方面的造诣和学术能力，大三时他和郭英德老师合写论文发表在一份著名的文史期刊上。但诗仙兄没有继续读研究生，大学毕业后到出版社工作，从编辑做到出版社社长。他策划和责编的图书获国家图书奖、中国出版政府奖，他本人也获得了全国百佳出版工作者、全国新闻出版行业领军人才、中国出版政府奖优秀出版人物奖等荣誉。诗仙兄既做出版实务，又在一所名牌大学带传播学研究生。正当盛年的诗仙兄，事业如日中天，然而却早逝了。2013 年 9 月 24 日，诗仙兄走了。我想，诗仙兄也许是走得不安心的：爱女尚幼，而上有高堂；诗仙兄筹划的国家重大出版项目“共和国科学技术史”，酝酿有年，也还未能成型付梓……诗仙兄自己还有一个关于古典文学和文化的学术梦未圆，他曾和我说起过想写一部有趣味的古典文化的专书。回想 2012 年初秋，诗仙兄已罹病，他相信了医生宽慰他的话：手术很成功，很快能康复。那时他和我约定，枫叶红时，择一风景佳处，去汇审一部文化史辞书。然而这个约定终于未能实行，诗仙兄走了。诗仙兄在病中还托我打听陆宗达先生的两部遗稿有没有出版，他可以帮助申请出版经费，打听的结果是已有出版社要出了，然而陆先生的两部遗稿至今未见到面世，而诗仙兄已走了。我很长一段时间不能适应，有时看书或散步，忽然有了一个想法，短信给诗仙兄讨论，才想起诗仙兄已经走了。直到今天，我还有时恍惚觉得诗仙兄还在，春秋佳日，我们还可以登山临水，把酒快谈，古今中外，文史政经，酒酣耳热之际，不知今夕何夕。

（十一）

蓝棣之老师教我们现代文学史。蓝老师是社科院唐弢先生“文革”后招的首届现代文学史研究生。蓝老师的学位论文是关于新月派的，竭泽而渔的史料搜集和梳理，丰满敏锐地艺术感受，清新雅致的文笔，这也许是可以作为文学史论文的一个范本的。当时唐弢先生招了三个研究生，刘纳的论文写的是郭沫若的《女神》，激情洋溢，充满了灵气和诗意，更像一篇才华横溢的文学评论；杨义的论文好像也是作家论，印象不深了。三个人的论文，我最喜欢蓝老师的。蓝老师的课，从细读作品开始然后是进入对文学史的新认识。那时《中国现代文学研究丛刊》上有两组署名“林芝”“郁李”的文学史研究札记，以精神分析等理论和方法等对现代文学作品如《二月》《原野》《憩园》等作全新的诠释，独出机杼，别开生面。我读了觉得行文和思路像蓝老师写的，询问蓝老师，果然是。蓝老师给我们上课，还邀请唐弢、田本相、凌宇、钦鸿等先生给我们作专题讲座（如钦鸿讲的是现代文学史上的唯美主义），邀请朱金顺等先生和我们座谈论文写作，开阔我们的视界。蓝老师的论文集有《正统的与异端的》等数种。我大学同班同学蔡茂友在华夏出版社工作时，出了蓝老师的第二本论文集《现代诗的情感与形式》，送了我一册，封面设计俗、庸，与书的内容很不合。我问茂友兄：这样的封面，蓝老师会满意的？茂友说这是蓝老师自己设计的。我当时想，假如茂友说的属实，则欣赏和创作大概确实不是一回事。

（十二）

王富仁老师给我们开过一段时间的现代文学史必修课，王老师的讲课、讲座和著论，给我非常大的启示。王老师是李何林先生招的首届现代文学史博士，博士毕业后留校任教，1987 年开招研究生，我大学同班同学查子安被免试推荐读研，成为王老师的开门弟子。老查研究生毕业分配到社科院《中国社会科学》杂志工作，很快离开社科院调到金融系统了。当时听说觉得很惋惜，但也能理解，京城居，大不易。人总得先生存得好，才能发展，但还是觉得可惜。我工作后，只要知道王老师有新的著作和论文面世，总会找来阅读（前几年《“新国学”论纲》之后，好像几乎没有再看到王老师的新著）。记得有一段时间自己感到困惑，这时从《新华文摘》上读到王老师的《文化危机与精神生产过剩》一文，我好像一下子进入了豁然开朗的新境地。王先生的这篇论文不只是对我个人的阅读和写作产生了影响，而且也正是从那时开始，我对自己所从事的报刊编辑工作的“交流性”有了更开阔的理解（而对哈贝马斯的著作，也因此有了更深入的认识），从而顺利完成了编辑理念和编辑实践上的转变：报刊编辑工作由原先孤高的“知识精英姿态”转向平和的“公共媒体姿态”，由原先的以编辑和名家为中心转向以读者和传播为中心。无论是报刊采编还是组织活动，“坚定不移地坚持平等交流的原则”。20 多年前，大学毕业离校前夕，一个傍晚，我和同学曲黎敏拜访了王老师，王老师把他的两部著作签名赠送给我们。谈话中，王老师说：中国传统的做人之道是不出头，怕出名，个人主义个性意识发育不良，这对个人还是社会都没有好处。勉励我们有作为。20 多年过去了，我不知道自己算不算是有作为，但曲黎敏肯定是作出了很好的成就，成为了有个性的文化名人。

（十三）

杨占升先生给我们开过选修课“中国现代文学研究史”。我们读大学那时，现代文学史是整个文学学科里的“显学”，现代文学30年是中国历史上古今中外文化大碰撞大交流的黄金时代，而这样一个时代又在我们读书的时候开始重现，我们在现代文学史里看到了当代的影子，而这个古今中外文化大交流大大碰撞的现代文学史，又极容易地把我们感知的触角延伸到外国文学，上溯到古代文学，还很容易地把我们的视线从文学史扩展到文化史、哲学史、思想史、艺术史，所以现代文学史成了一门“显学”。当时文学研究的理论和方法的突破，往往是从现代文学史研究里最先开始的。现代文学史研究成为整个文学研究领域获得突破性进展的“爆破点”。所以杨先生的这门选修课也就自然而然地吸引了我们。杨先生全程参与了1949年后新文学史学科建立的过程，他参与了唐弢先生主编的《中国现代文学史》高校教材的编写，和教研室同事选编了1979年上海教育出版社出版的中国现代文学史参考资料里的《文学运动史料》。杨先生对现代文学史和现代文学研究史是成竹在胸，从最早的闻一多评论郭沫若《女神》、周作人从世界文学史背景前对郁达夫《沉沦》的辩护到“新文学大系”编辑出版到李何林编著《近二十年中国文艺思潮论》到李健吾天马纵横的现代文学评论到最早的新文学史著作撰写到今天的现代文学研究，杨先生从容道来，仿佛给我们徐徐展开了一个散点透视的长卷。杨先生是王富仁的博士副导师，后来听说，当年教师住房紧张，学校房产科说没有空房，为解决王富仁留校的住房问题，杨先生晚上一幢一幢教工宿舍看过来，看有哪套房间不亮灯，终于发现了一套空房，又向学校争取分给了王富仁，终于让王富仁留在了系里。我听到这个故事，慨意太深，宽厚长者杨先生爱才心切啊！

（十四）

黄会林先生给我们讲话剧史选修课。黄先生研究现代话剧，研究夏衍，又和绍武先生合写小说和剧本。她给我们开选修课，以我们年级为核心，成立了北国剧社。取名“北国剧社”，因为20世纪20年代末，田汉发起过“南国社”。我在北国剧社里做过一段时间的舞美。刚成立不久，北国剧社排演的莎翁名剧《第十二夜》，在首届中国戏剧节上公演，它以青春的气息对莎剧作出了生意盎然的诠释。曹禺先生为北国剧社题词：“大道本无我，青春长与君。”北国剧社也自编自演，我们班的李虹就写过话剧剧本《风雨故人来》等，由剧社排演。李虹后来跟从刘锡庆先生读研究生，师生合写当代文学评论，屡屡被《新华文摘》等转载。或许是由于戏剧观的不同和性格上的冲突，八一级的牟森后来退出北国剧社，自己成立了蛙实验剧团，剧团排演过《伊尔库茨克的故事》《大神布朗》等欧美名剧。据说，牟森几年后成了中国当代话剧实验运动里的中坚人物了。今年 5 月我出差北京，春辉兄到酒店给我送行，说起牟森，说牟森受邀将到杭州的中国美术学院开课。也是这一次的北京之行，华俊兄招宴学校附近的同春园，兰芹、彦春、卫东、旭东等都来聚会，兴高采烈，又乘兴游校园，不意遇到绍武先生，当年北国剧社的指导、黄先生的爱人。高兴啊美好啊，这一个中午永记我心。

（十五）

教育部修订《中小学生守则》，公开征求意见，据说修订的守则将“去成人化”。这使我想起 20 世纪 90 年代初到北师大采访林崇德先生。那次采访时，讲到国家教委制定“教师职业道德规范”事。林先生说，征求他意见时，他提出这个师德规范初稿里的有些条目，是属于“公民”范围而未能体现“教师”的职业特点，教师职业道德规范应该体现教师的职业特点。当然后来成文颁布的“师德规范”，没有能够吸收林先生的意见。林先生是北师大发展心理研究所朱智贤先生“文革”结束后招的首届发展心理学专业的博士。朱、林两位先生合著的《思惟发展心理学》《儿童心理学史》等著作曾是我的工作用书。20 世纪 90 年代初浙江的基础教育改革“柯桥实验”结题，这个实验涉及教育思想、课程、教材等多方面，是那时的省教委主任邵宗杰主持的。林崇德先生被请来做课题评审。我记得那时在做“柯桥实验”报道时，一次午餐，我和省教科所王炳仁所长同桌，席间聊天，王先生说：林崇德将是中国下个世纪的心理学学科带头人。一晃，20 多年过去了，证之后来的中国大陆的心理学学科历程，王先生所言不虚。“教师职业道德规范”或许也该做一次较大幅度的修订了？

（十六）

那是一个崇尚知识、崇尚创造、崇尚自由讨论的时代，是原先的“官本位”价值观正在解构、新的“官本位”价值观还没有来得及结构的时代，是 20 世纪中国历史上的第二个黄金时代。我们两个班的同学，后来继续升学读硕士读博士的，绝大部分不是因为要加官晋爵混个文凭，而确实是怀抱着对知识对创新的渴望。我们两个班既的同学，大约超过半数，后来在北京师范大学、北京大学、中国艺术研究院、中国人民大学、北京语言大学、山东大学、中山大学、复旦大学、浙江大学、北京电影学院、北京中医药大学、南京师范大学等获得硕士、博士学位，学科专业除了汉语史、汉语文字学、应用语言学、中国现当代文学、中国古代文学、中国古代文献学、文艺学、比较文学与世界文学，还有当代世界政治与经济、管理学、中医学、传播学、艺术学等等。记得 20 多年前我听说我们两个班里第一个获得博士学位而且是艺术学博士学位的，是大学时代并不显山露水的一位女生，而不是那时同学眼里的未来“学术之星”时，我瞬间“价值体系”坍塌了，在这个瞬间后的第二个瞬间，我悟到了：永远不要自以为是，永远不要无端的骄傲和傲慢，永远需要不断地自我质疑。套用中共组织部门的惯用语“视线”，所谓“进入组织部门视线”云云，你凭什么以为你的“视线”就是“真理”的“视线”呢？你凭什么以为未进入你的“视线”的同学里就不可能会有优秀的表现呢？谁让你这么自以为是地以为自己就这么拥有绝对的权力呢？这个瞬间我悟到了，人必须得承认自己的认知的不完整，所以必须得虚怀若谷。这不是来自书本，而确确实实是从亲身的体验获知的感认。

（十七）

我们读大学那时，古典文学欣赏辞书正大行于书肆。聂石樵先生授课，每讥此类书为“哼哼唧唧”，不屑为。前些年偶然读到吴龙辉君写的关于聂先生《先秦两汉魏晋南北朝文学史》的书评，一下子解除了疑问。吴君文中写道：北师大的古代文学学科曾云集刘盼遂、李长之、谭丕谟、王汝弼、启功等著名学者，形成了一个有影响的“文献—历史学派”，注重文献考证和历史文化背景分析，透过文献背景考察文学诸因素的历史变迁，对文学研究中使用最为普遍的美学方法和文本分析则不予重视。吴君此说甚善，可以解释聂先生为何不以文学欣赏类书文为然，盖师承刘、李诸位先生德聂先生，正是承续了这一“文献—历史学派”的学风文风。或云：聂先生谨守“家法”。吴龙辉君是我们系八一级的，后来先后师从聂先生、启先生读硕读博。吴君的博士学位论文《原始儒家考述》，列入中国社会科学博士论文文库出版，附录他的硕士论文《杰出的儒学传人司马迁》。写的是两千年前的古人，有考有论，但行文虎虎有生气，我常把它当作《史记》这样有生命的著作来读。记得奇平兄“南孔”祭典，我向奇平兄说起吴君的书，奇平兄嘱帮助购买此书，奇平兄还有意邀吴君以嘉宾来参加祭孔大典，不过后来吴君还是未能成行。

（十八）

北京师范大学是一所冠名“师范”的综合大学，它的办学规模、教学科研实力和培养学生的方式，是全方位的，从文理基础研究到教育心理研究到应用研究，建校110多年来，形成了自己的优势学科和专业，培养的学生从诺贝尔奖得主到基础教育名师，从行政官员到企事业高管，从两院院士到媒体名家，遍布各行各业。北师大的几所附校也是得益于北师大的厚实的人才资源。我们读书那个时候，北师大的几所附校是可以优先到北师大挑人的，几乎是毕业分配工作还没有开始的时候，北师大的几所附校已经在北师大的应届毕业生里选好了想要的毕业生。我们系八一级的邓虹、八二级的滕淑玲，就是这样被分别挑选到了北师大附属中学和北师大附属实验中学。那时，北师大附中校长是朱正威，实验中学校长应该是王本中。

北师大附校人才济济，在这样的环境里，个人的成长会获得较多的可能。但也是因为人才济济，要冒尖也就是很不容易的事了，这可不是“鹤立鸡群”那样一目了然，你得“鹤立鹤群”，这是多么困难啊！八一级的邓虹终于能够脱颖而出，获得语文特级教师、北京市金牌名师、北师大基础教育研究员等一系列高含金量的荣誉，我真是为邓虹感到高兴。而邓虹不仅有这样高的教学科研水平，还有好人缘儿。邓虹从不接受学生的“请客”，她认为学生是消费者，不应该请老师；邓虹也从不接受“徒弟”的请客，她认为自己的收入比青年教师高，理当自己请“徒弟”。邓虹对学生、对同事怀有极大的善意，智慧而大气磅礴。我想起邓虹，总会想到美好。

我们八二级的滕淑玲，大学时代和我同一个班，她到北师大附属实验中学任教，做教学、做教学管理、做行政管理，现在担任了实验中学党委副书记。在我们北师大的几所附校，党政领导如果没有业务的底子，怎么能够上得来呢？滕淑玲给我的印象是，业务功底扎实，待人宽厚，以柔克刚，绵里藏针，外圆内方——我觉得我们班有几个女生是有很强的行政能力或天分的，滕淑玲是其中的一位，其他如方若虹、陈兰芹、赵文彤等。滕淑玲读书时，或工作后，颇有“大姐级”的风范。2014 年冬天一个傍晚，我到滕淑玲的办公室里，正碰上实验中学的学生在她那儿拍“微电影”，我看见滕淑玲看学生的眼神，慈爱祥和，一派“长者风范”。

北师大的几所附校是属于北师大的直属管理体系的。无论今天中国大陆的高等教育如何被诟病，像北师大这样的老牌大学，多少还保留了老牌大学自由、宽松和不完全功利化的气度。得益于属于北师大直属管理体系，北师大的几所附校也还是保留了老牌大学那样的自由、宽松和不那么完全功利化的气度。芝加哥大学已故的爱德华·希尔斯教授是享有国际声誉的社会学家，他在著作里多次讲过：美国的一流的私立大学具有和州立大学完全不同的传统和功能。如果移用希尔斯的说法，那么，中国大陆的“985 工程”大学，恐怕应该更多地承担像美国的一流的私立大学那样的功能，相应的，这些老牌大学的附校也应该更多地保留自己的传统，或者像邓虹在讲课中所说的：“……只因为你脚踏上这片带有文化大师生命气息的土地……”中国这么大，幅员辽阔，各区域发展那么不一样，教育的管理也不应该是一刀切的划一，应该保留老牌大学直属管理自己的附校这样的模式——可惜的是，这样一个模式在杭州是消失了。

写于 2014 年 7 月 18 日—2015 年 1 月 12 日

后　记

十多年前，一个春天，闲中翻看《世说新语》，是余嘉锡老先生笺疏的本子，上海古籍出的。忽然心有所动，近世以来学林人物嘉言懿行，不也可以编撰成集么？

这一个最初的想法，逐渐明晰起来，它的意义，或许可以作这样的表述：近世学林人物嘉言懿行，或趣味盎然，或可见世故人情，或稍具史识，或有意义存焉，固隽永可喜。爰仿传统的笔记体，辑录整理，总名“学林旧闻”，或许可添诸君宴饮清谈之兴会，抑或稍可温故以知新，见微而知著。

对学林人物的嘉言懿行的“阐释”，我想，也是可以开放的、无边的和多义项的，而未必得单一指向，所谓见仁见智。公正和宽容是人类最高贵的美德，最高的善。

在编撰的过程里，觉得国外的一些学林人物，其嘉言懿行，也是颇多趣味和意思。所以扩展进来了一些，古代的也编撰了一些，但主要的还是中国近世以来的。

这件事从 1997 年的春天开始陆陆续续地做了起来，第一篇札记取名“学林漫录”，发表在 1998 年 3 月 8 日的《钱江晚报》上，当时的责任编辑是鲁强学兄，鲁强后来做了《钱江晚报》的副总编，最近则到浙江传媒学院执教。开了这个头，后来这类文字便都冠名“学林漫录”，第二篇是发表在 1998 年 3 月 10 日的《联谊报》上，责任编辑是赵健雄学兄，当时的分管总编是袁伟盛学兄。健雄后来是联谊报社的编委，伟盛做了联谊报社的社长总编。接着，1998 年底开始，武宁先生在《博览群书》杂志上也刊发了若干篇。《读者》杂志有所转载。其间也曾与省社科院敦基学兄有过短暂的合作（部分文字后来以《那些从前的大师们》为题，刊于《鸭嘴兽》2003 年第 6 期）。这件事到 2001 年告了一个段落，因为 2001 年至 2009 年 4 月，我的工作进入了一个相对繁忙的时期，所以也没有太多的时间来编撰这样的札记了。2001 年 8 月南京大学中国思想家研究中心副主任徐雁先生帮助出版的我的读书随笔集《书林意境》里，选收了 73 则这样的札记，算是对这段编撰的一个纪念。

近十年过去，2009 年 4 月以后，我的工作相对稍微松动了一些，渐渐的又恢复了再编撰这类笔记的兴会，数年来竟也积了十六七万字。《浙江日报》高级编辑杨新元先生、《钱江晚报》常务副总编张亮学兄、《杭州日报》高级编辑林之女士、《温州晚报》文化部主任瞿炜学兄、《湖州日报》编辑徐惠林先生、《开卷》执行主编董宁文学兄、《今日阅读》编辑江少莉女史(少莉入北大读博士后，由陆秀萍女史责编)等在他（她）们的报刊上选刊了若干稍有情趣和理趣的。《江苏教育报》也曾以“人文广角”为专栏持续了3年。《光明日报》2011年新创“雅趣”版，责任编辑殷燕召先生给开了专栏“学林新语”，燕召先生说社内外反馈的意见是“简短、精致、趣味之中包含人文精神”。“雅趣”版改由文艺橙女史责编后，“学林新语”专栏依然延续。而卒赖南京大学徐雁教授的帮助，这册小书得以面世。我得表达我的谢意。

自1995年10月我在杭州师范学院（今杭州师范大学前身）弘一大师丰子恺研究中心主任陈星先生帮助下，出版第一部书，至今将近20年过去了。我得谢谢我的太太卢京英女士。我的孩子缘缘也先后由杭州行知幼儿园、杭州学军小学、杭州文澜中学、浙江大学附属中学，而在2012年6月考入位于苏州独墅湖高等教育园区的西交利物浦大学（中英合作办学），攻读通信工程专业，2014年9月到英国利物浦大学学习。我的两鬓也斑白了。我们将老去，衷心祝福我的孩子缘缘健康成长，学业有成。

2014年春节期间，我父亲一族和我母亲一族，一起为我父亲举行了八十寿辰的庆典。父亲母亲为家庭，为我和我孩子的成长，付出了多少心血啊，而今垂垂年迈。养育之恩，无以回报，衷心铭记。我在此深深祝愿我的父亲母亲健康长寿快乐幸福！

周维强

2015 年 7 月 24 日，杭州大华西溪风情花园寓所